実践 情報科教育法

「ものづくり」から学ぶ

坂口謙一・長谷川元洋・本多満正・丸山剛史・村松浩幸 編著

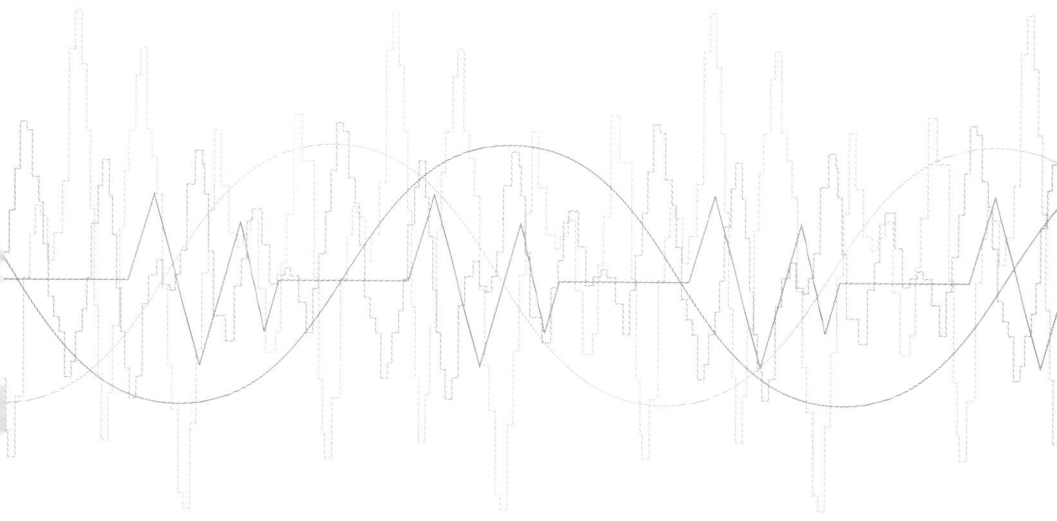

東京電機大学出版局

 営利を目的とする場合を除き,視覚障碍その他の理由で活字のままでこの本を読むことが困難な方のために,「録音図書」「拡大写本」等の読書代替物への媒体変換を行うことを認めます。製作後は小局までご連絡ください。

本書の全部または一部を無断で複写複製(コピー)することは,著作権法上での例外を除き,禁じられています。小局は,著者から複写に係る権利の管理につき委託を受けていますので,本書からの複写を希望される場合は,必ず小局(03-5280-3422)宛ご連絡ください。

まえがき

　本書は，主に，大学での教職科目「情報科教育法」の教科書ないし参考書として編集されたものである。
　「情報科教育法」は，「高等学校教員免許状（情報）」や「同（情報実習）」の取得のために必要とされている授業科目の一般的呼称である。これらの教員免許状は，1999年の高等学校教育課程基準改定により高等学校の普通教育と専門教育の中に新設された教科「情報」を担当する教員の有資格を担保するものである。このうち，普通教育の一環として位置づけられ，必履修教科とされた「情報」は，学校教育全体で目指す情報教育の中心ないしは頂点に位置づけられた教科であり，2003年度から全国の高等学校で実施され始めている。
　ところで，教科「情報」ばかりでなく，情報教育を担当するあらゆる教員には，「情報化」への的確な対応が強く求められている。本書もこの社会的要請にこたえるべく，それにふさわしい内容をできる限り網羅することに努めた。ただし本書では，今日グローバルな規模でよりいっそう進展しつつある「情報化」とは，単に日常生活の種々な場面にコンピュータが組み込まれていくことを指しているのではなく，そうしたユビキタス的日常を現実のものとして実際に生み出しつつあるものづくりの世界における情報技術の発展を推進力とした極めてダイナミックな社会・経済的動向であるとみなしている。ものづくりの世界の情報技術は，大きくは，コンピュータ制御技術とディジタル通信技術，そしてそれらを統一的にシステム化している情報通信ネットワーク技術に代表されると言えるだろう。本書は，こうしたものづくり技術のうちの情報技術に注目することで，すべての高校生を，コンピュータが組み込まれた種々な〈日用品〉の消費者としてではなく，むしろ逆に，生活に密着した多様な情報技術を自らの手でつくり出し，そうした意味で真にユビキタスな（"どこにでも存

在する"）情報化社会を構築していくことができる創造的かつリアルなネチズン（ネットワーク・シチズン）に育てたいと願っている。言い換えると、本書はこうしたプロダクティブな情報教育を担う教員の養成を意図した書物である。

　いまや多くの高校生は，ケータイを「命綱」として激動の時代を生き抜いている。にもかかわらず，彼/彼女らは，ケータイで通話しているときに，たぶん自分のケータイから相手のケータイに「何か」が「一直線に」飛んでいるのだろう，ぐらいにしか考えていない。考えないどころか，「何が，どのように飛ぶのかなんて，考えたこともない。別にどうでもいいじゃん，そんなこと・・・」。

　比喩的に言えば，本書はこうした高校生に，「でもすごいよね。ムービーも飛ぶよ！」とこたえる。本書は，コンピュータや情報通信ネットワーク等の情報技術の仕組みに執着し，そこに潜む人類の英知のすばらしさや，情報技術を利用してさらに発展した情報技術をつくり出している人々の労働のおもしろさを実感豊かに理解させることを通して，情報技術の本質的な部分をつかみとらせる情報教育が大切であると考えている。本書では，このような創造的な情報教育を，普通教育としての情報技術教育と称している。

　本書第1部には，本書を貫く視点を情報教育および情報技術の現状に沿って叙述した。併せて情報技術教育の授業論も展開した。第2部では，教科「情報」以外の情報教育（情報技術教育）の実践にも目を配り，子ども・青年をものづくりの世界へと導く豊かな教育実践を取り上げた。付録には，教師の教材研究にも役立つよう，情報技術をめぐるやや専門的領域に踏み込んだ内容をいくつか掲載した。困難な諸課題を抱えてスタートした教科「情報」の教材・カリキュラム開発，授業づくりに本書が有効な糸口を与え，微力ながら情報教育実践の発展に少しでも寄与できれば幸いである。

　最後に，本書の編集でひとかたならぬご苦労をかけた，東京電機大学出版局の植村八潮さん，松崎真理さんに，この場を借りて厚く御礼申し上げたい。

2004年1月

編　者

目　次

第1部　教科「情報」とものづくり

第1章　教科「情報」の成立と動向

1. 日本の「情報教育」の展開過程とその特徴 …………………………… *3*
   - （1）教科「情報」の成立は「情報化への対応」の第2段階　*3*
   - （2）「情報教育」は造語　*5*

2. ものづくりの現代世界へと導く普通教育としての情報教育の意義 … *6*
   - （1）「情報化」とは「コンピュータ化」である　*6*
   - （2）「情報化」の本質としての生産技術の「コンピュータ化」　*8*
   - （3）普通教育としての情報技術教育をすべての高校生に　*10*
   - （4）教育実践の豊かな蓄積を土台にして　*11*

3. 教科「情報」の構成と免許・単位認定 …………………………………… *12*
   - （1）普通教科「情報」の3科目構成の概要　*12*
   - （2）目標の3観点　*13*
   - （3）専門教科「情報」の概要　*14*
   - （4）教員免許の特徴　*15*
   - （5）小学校や中学校への学習内容の移行　*17*

第2章　産業・労働の変化と情報技術

1. 情報技術の進展と水平分業型企業経営 …………………………………… *18*

（1）基幹技術のオートメーション化　*18*
　　（2）自動化された製造部門の業務連携　*19*
　　（3）オートメーションの発展を支える情報通信ネットワーク　*19*
　　（4）インターネットの登場と垂直統合型からの解放　*20*
　　（5）水平分業型「生産」システムの登場と進展　*21*
　　（6）デル社の「バーチャル・インテグレーション」　*23*
　　（7）EMSとITアウトソーシング　*23*
　　（8）「仮想的」な分業・協業の展開　*24*

2．町工場のIT革命 …………………………………… *26*
　　（1）待ち工場からの脱却　*26*
　　（2）情報技術の多様化　*26*
　　（3）町工場のネット活用の実際を見て歩く　*28*
　　（4）実際にネット発注をしてみよう　*31*

第3章　情報技術を核としたカリキュラム，授業論

1．情報技術の学力と教育目標 …………………………………… *35*
　　（1）学力について考える必要性　*35*
　　（2）コンピュータと「情報」の授業　*36*
　　（3）学習指導要領と情報教育　*37*
　　（4）技術教育の観点から　*38*
　　（5）情報技術の教育　*38*

2．情報技術の授業設計と評価 …………………………………… *40*
　　（1）授業設計の重点　*40*
　　（2）教材の役目と使い方　*41*
　　（3）教材情報の収集　*42*
　　（4）授業での評価　*43*
　　（5）到達目標の設定　*44*
　　（6）学習指導案の書き方　*45*

3．情報技術のカリキュラム …………………………………… *48*
　　（1）情報技術の授業を学んだ人は少ない　*48*
　　（2）先進的授業から学ぶ情報技術のカリキュラムの鍵　*49*

目次

第2部 情報技術の授業実践

第4章 通信・ネットワークの授業実践例

1. ためしてわかる通信とネットワーク ……………………………… 55
   - 実践例1　スピーカで電話しよう　55
   - 実践例2　スピーカで発電しよう　57
   - 実践例3　コンピュータで電気信号を観察しよう　59
   - 実践例4　仕組みは簡単「手作りスピーカを鳴らそう」　60
   - 実践例5　なるほどなっとくスピーカの原理　62
   - 実践例6　ヒソヒソ話も大声に「アンプで増幅」　63
   - 実践例7　体験! 光通信　64
   - 実践例8　電話のつながる仕組みを考えよう　65
   - 実践例9　交換機をつないで電話網を作ろう　67
   - 実践例10　『見てネット』でコンピュータネットワークを体験しよう　70
   - 実践例11　コンピュータネットワーク使用の注意事項をまとめよう　72
   - 実践例12　コンピュータの登録番号を探そう　72
   - 実践例13　電話交換機網とインターネット　74
   - 実践例14　バーチャルカンパニーの社長になろう　74

2. インターネットの仕組み ……………………………………………… 76
   - 実践例15　インターネットの仕組みを知ろう　78

3. 音だってディジタル …………………………………………………… 82
   - 実践例16　ディジタル化の仕組みを知ろう　83

4. データの圧縮技術 ……………………………………………………… 84
   - 実践例17　データの圧縮技術を知ろう　84

第5章　制御・ネットワークの授業実践例

1. 自動化から始めるコンピュータ学習 ……………………………… 88
　（1）なぜプログラミングなのか　*88*
　（2）制御で学ぶプログラミング　*89*
　（3）「オートマ君」の学習の目指すもの　*90*
　　　実践例18　「オートマ君」で模型車の制御に挑戦　*91*
　（4）プログラムの分担開発　*95*
　　　実践例19　「オートマ君」でドライブに出かけよう　*96*
　（5）身のまわりのプログラムを考える　*98*
　　　実践例20　信号機のプログラムを開発しよう　*98*
　（6）機器に組み込まれたコンピュータ　*100*

2. ドリトルを使ったロボット制御 ……………………………………… 110
　　　実践例21　「ドリトル」によるロボット制御　*111*

3. ネットワーク下のロボット開発による情報技術実践 …………… 116
　（1）時代が変わっても変わらないことを教えたい　*116*
　（2）なぜオブジェクト指向言語ドリトルか
　　　──IT時代の教育用プログラミング学習言語──　*118*
　　　実践例22　オブジェクト指向のプログラムを作ろう　*119*
　（3）ネットワークを使ったオブジェクトの共有　*121*
　　　実践例23　サーバ機能を用いてプログラムを共有する　*122*
　（4）オブジェクトバンク構想
　　　──プログラミング学習からネットワーク学習へ──　*124*

4. 生産管理へつながるアルゴリズム，ソフトウェア化 …………… 125
　　　実践例24　効率の良い配膳プログラムを考える　*125*

5. PICマイコンによる制御 …………………………………………… 128
　　　実践例25　PICマイコンを使った自走車の製作　*129*

6. 製品開発の現場から学ぶ …………………………………………… 135
　　　実践例26　プログラミングの経験から見える世界　*136*
　　　実践例27　設計から生産までコンピュータ化　*137*

第6章 チームワークを支える情報技術の授業実践例

1. 「失敗データベース」による経験知の共有化 ･････････････････････････ *140*
   実践例28 「失敗データベース」を作ろう　*140*

2. チェーンメールを考える ･･ *144*
   実践例29 チェーンメールを考える　*145*

3. ITによる企業組織の変化 ･･ *148*
   実践例30 ITによる企業組織の変化を知ろう　*148*

付　　録

付録A　高度情報通信社会の諸問題

1. 情報通信と危機管理 ･･ *153*
   （1） ネットワークセキュリティ　*153*
   （2） 非常時・重要通信　*155*
   （3） 教育現場における実践方法　*156*

2. 情報通信ネットワークにおける著作権 ････････････････････････････････ *158*
   （1） 知的財産権制度　*158*
   （2） 著作者の権利　*159*
   （3） 著作権　*159*
   （4） 著作隣接権　*159*
   （5） 自由利用マークとEYEマーク　*160*
   （6） 学校教育における著作物の複製利用　*160*
   （7） 学校における著作権教育のパラドックス　*161*
   （8） 指導上，教員が配慮すべきポイント　*162*

3. 情報通信ネットワーク犯罪と法律 ･･････････････････････････････････ *163*

（1）主に匿名性・仮想性に起因する問題　*165*
　　（2）仮想空間がもつ利便性・瞬時性・大量性・容易性に起因する問題　*166*
　　（3）一般人の犯しやすい犯罪行為　*168*
　　（4）犯罪とは断定できないが，今日的な社会問題となっているもの　*168*

4. メディアリテラシーとクリティカルシンキング ･････････････････ *169*

付録B　学習指導要領と関連答申

　1．学習指導要領（抄録）　*171*
　　「高等学校学習指導要領」　*171*
　　「中学校学習指導要領」　*177*
　2．関連答申（抄録）　*179*
　　中央教育審議会「21世紀を展望した我が国の教育の在り方について（第一次答申）」　*179*
　　情報化の進展に対応した初等中等教育における情報教育の推進等に関する調査研究協力者会議第1次報告「体系的な情報教育の実施に向けて」　*180*
　　教育課程審議会「幼稚園，小学校，高等学校，盲学校，聾学校及び養護学校の教育課程の基準の改善について（答申）」　*181*
　　「情報教育の実践と学校の情報化～新「情報教育に関する手引き」～」　*181*

付録C　本書で紹介した教材・教具

　　「通信・ネットワーク」系の教材・教具　*182*
　　「制御・ネットワーク」系の教材・教具　*183*

　索　引　*184*

第1部
教科「情報」とものづくり

　第1章では，日本の「情報教育」の展開過程における教科「情報」の成立を叙述し，そこにおいて，ものづくりの視点が後景に押しやられ，生徒が現代社会にまっとうに近づけない状況にあることを指摘する。

　第2章では，情報科教師の情報技術観および情報技術の教材観が広がることを目的に，現代社会の基盤を支えている情報技術が進展したことによって製造業および企業経営に起きている変化とその特徴を叙述している。

　第3章では，情報技術を核としたカリキュラムと授業を創造する能力を養うために，身に付けさせたい学力と教育目標を論じ，それにもとづく授業論と評価の問題，カリキュラム開発の基本的な考え方を論じる。

教科「情報」の成立と動向

1. 日本の「情報教育」の展開過程とその特徴

（1）教科「情報」の成立は「情報化への対応」の第2段階

　臨時教育審議会第一次答申（1985年6月）において，学校教育における情報化の必要性が示され，臨時教育審議会第二次答申（1986年4月）において，「情報化に対応した教育に関する原則」と「情報活用能力＝情報リテラシー」という概念が示された。こうした答申等を受けて，学習指導要領改定の基本的考え方を示す教育課程審議会答申（1987年12月）において，「情報の理解，選択，整理，処理，創造などに必要な能力及びコンピュータ等の情報手段を活用する能力と態度の育成が図られるように配慮する」ことが提言された。

　以上の答申を踏まえて，学習指導要領の改定（1989年3月）が示された。小学校段階においては，コンピュータ利用を通してコンピュータに慣れ親しませることを基本方針とし，特定の教科等を設けなかった。中学校段階においては，技術・家庭科に新たな選択領域として「情報基礎」が設置され，併せて他教科においてもコンピュータ等を利用した教育の積極的な導入が示された。高等学校段階においては，数学科，理科，家庭科等にコンピュータに関する内容が導入された。また，設置者の判断で情報に関する教科・科目を設けることが可能となり，併せて職業に関する各教科には，「情報」を冠する科目が導入された。この学習指導要領のもとに，コンピュータ導入・整備が進められ，コンピュータを活用した授業が増えた。このように，「情報化への対応」の第1段階においては，学校教育へのコンピュータ活用推進の段階であった，と見ることができる。ちなみにこの時期にまとめられた報告書としては，『情報教育に

関する手引き』(1991年7月)がある。同書においては,「情報活用能力」を「①情報の判断,選択,整理,処理能力および新たな情報の創造,伝達能力」,「②情報化社会の特質,情報化の社会や人間に対する影響の理解」,「③情報の重要性の認識,情報に対する責任感」,「④情報科学の基礎および情報手段(特にコンピュータ)の特徴の理解,基本的な操作能力の習得」の四本柱にまとめている。

　第2段階は,インターネット等のコンピュータネットワークとコンピュータの急速な普及とを背景とした,学校教育へのコンピュータ活用推進から独立教科を目指した取組み,とみなせるように思われる。まず中央教育審議会第一次答申(1996年7月)において,「情報化と教育について推進すべきこと」として,「①情報教育の体系的な実施,②情報機器,情報通信ネットワークの活用による学校教育の質的改善,③高度情報通信社会に対する『新しい学校』の構築,④情報社会の『影』の部分への対応」の4点が示された。中央教育審議会第一次答申を踏まえ,「情報化の進展に対応した初等中等教育における情報教育の推進等に関する調査研究協力者会議」は,「体系的な情報教育の実施に向けて」(1997年10月)と題する一次報告を行った。同報告には,情報教育の目標を,①情報活用の実践力,②情報の科学的な理解,③情報社会に参画する態度,の三つの観点に整理した。『情報教育に関する手引き』において四本柱で構成されていた「情報活用能力」の内容は,三本柱に見直され,各教科におけるコンピュータ活用では育成できにくい教科独自のものとして,②情報の科学的な理解,③情報社会に参画する態度,が打ち出されたと考えられる*。教育課程審議会答申(1998年7月)においては,「高等学校においては,情報手段の活用を図りながら情報を適切に判断・分析するための知識・技能を習得させ,情報社会に主体的に対応する態度を育てることなどを内容とする教科『情報』を新設し必修とすることが適当である」と提言された。これによって新教科「情報」の設置が決定し,高等学校学習指導要領改定(1999年3月)によって新教科「情報」の内容が確定した。

---

*　田中喜美「『情報教育』と技術教育」,『技術教育研究』第51号,1998,pp.26-36.

（2）「情報教育」は造語

　ところで，「情報教育」という用語は，1980年代から日本において用いられていた。「情報教育」推進の中心的存在と思われる坂元昂らは，「情報教育」の起源について次のように言及している。「コンピュータ・リテラシー教育やメディア教育の概念を包含する日本語の用語が検討された。そして，コンピュータ・リテラシー教育をメディア教育の中に統合し，体系化していく過程で，コンピュータやメディアは，人間の認識・思考・判断に影響を与える情報というものを扱う道具であり，情報を活用しようとする人間の要求こそが，情報機器の必要性をもたらすという認識から，『情報教育』という言葉が提案された[*1]」。このように，「情報教育」はコンピュータ・リテラシー教育やメディア教育という二つの概念を包含する概念として提案された用語であった。「情報教育」は，『情報教育の手引き』によって「情報活用能力を育成する教育」と説明され，広く知られる用語になった。この後坂元昂は，「情報教育」を「情報の価値を理解して，情報を選択，活用，創出し，その社会的，対人的影響に配慮し，さらに，送り出す情報に責任をもつ人を育成する教育を言う」（『現代学校教育大事典』[*2]）と定義し，"informatics education" という英語をあてている。この坂元の定義は，コンピュータに関する教育を対象とするか定かでないほどの幅広さである。

　このような経緯で使用されるようになった「情報教育」に対して，辞典等の説明の中では，その幅広さを受け継がざるを得なかった。永野和男は，「情報教育」を「情報に関する幅広い教育を示す総称」（『教育工学事典』[*3]）と説明し，"education for informatics, information technology education" という英語をあてている。ちなみに今日，「情報教育カリキュラム○△」と称する学術論文の英訳には "information technology education" が頻繁に用いられ

[*1] 松田稔樹，坂元昂「情報教育カリキュラムの開発」，『東京工業大学人文論』第13号，1987，p.260.
[*2] 安彦忠彦，新井郁男ほか編『新版　現代学校教育大事典』ぎょうせい，2002，p.80.
[*3] 日本教育工学会編『教育工学事典』実教出版，2000.

ている*1。「情報教育」は、"technology"を除外した用語を作成したものの、"technology"の訳語をあてなければ国際的に通用しない特殊な用語である。この点には留意が必要である。同様に、「情報教育」の概念の広さを踏まえて、山内祐平は、「情報教育」を「一般の人々が情報を活用するために必要な知識や技能などを教えるための教育体系を指す。情報技術の専門家を育成する情報処理教育よりも広い概念である。［中略］日本の情報教育の概念は、海外の情報リテラシー教育、メディア・リテラシー教育、技術リテラシー教育、情報とコミュニケーション技術に関する教育などを含み込む広い概念」(『情報学事典』*2) と説明している。「情報教育」の内容は、「情報教育」概念の広さに対応した内容であるのかについて、第3節で見ていくことにする。

2. ものづくりの現代世界へと導く普通教育としての情報教育の意義

(1)「情報化」とは「コンピュータ化」である

1999年の学校教育法施行規則一部改正（文部省令第7号）と高等学校学習指導要領改定（文部省告示第58号）により、高等学校の「普通教育」の中に必履修教科の一つとして教科「情報」が新設された。このことについては次節でやや詳しく論じるが、この新しい高等学校学習指導要領では教科「情報」について、その教育目的（学習指導要領では「目標」と記されているので、以下においては目標とする）が次のように定められている。

「情報及び情報技術を活用するための知識と技能の習得を通して、情報に関する科学的な見方や考え方を養うとともに、社会の中で情報及び情報技術が果たしている役割や影響を理解させ、情報化の進展に主体的に対応できる能力と態度を育てる」。

ここでは、この文章の構造上最も価値づけられている最後の部分、すなわち、「情報化の進展に主体的に対応できる能力と態度を育てる」という目標規定に

---

*1 たとえば、西之園晴夫「高等学校普通科のための情報カリキュラムの開発」、『科学教育研究』第20巻第1号、1996、p.42.
*2 北川高嗣ほか編『情報学事典』弘文堂、2002.

1. 教科「情報」の成立と動向

とりたてて注目したい。換言すれば本節ではまず，この目標規定のキー概念とされている「情報化」に着目することを通して，教科「情報」の役割を明確にする。なお，文部科学省が2002年に公表した『情報教育の実践と学校の情報化～新「情報教育に関する手引」～』では，「まえがき」において，「各学校においては，本書を参考資料として活用いただき，全教員が情報化に対応した教育の必要性についての理解を深め，家庭や地域とも連携しながら，創意工夫を生かした特色ある情報教育が確実に実施されるよう望むものである」と明記されており，教科「情報」の教員を含むあらゆる「教員」が「情報化」に的確に「対応」することを，ことさらに強調している。

さて，「情報化」概念の本質を理解するための有効な方法の一つは，「情報化」という日本語をグローバルな視点から客観化することである。「情報化」という言葉は1960年代に日本で誕生したとの見解が通説になっているが，「情報化」という日本語について，社会的権威のある外国語訳がないわけではない。たとえば，『JIS工業用語大事典〔第5版〕』*では，「情報化」の英語訳が「computerization」とされ，意味は「計算機による自動化」と解説されている（p. 1013）。また，「情報化する」という日本語についても英語訳は「to computerize」，意味は「計算機を使用して自動化する」とされている（p. 1013）。

JIS（Japanese Industrial Standard；日本工業規格）という，私たち日本人の生活に物質面で深く浸透し，世界的視野を含みながら日本社会の規範を形成しているこの公的規約の英語訳と定義にもとづくと，「情報化」という日本語は，「コンピュータ化」という日本語に置き換えることができる。このことは注目されてよい。

「情報化」の本質は「コンピュータ化」であるとするこうしたJISのグローバルな見解については，少なくとも次の2点を指摘する必要がある。

第1に，「情報化」概念は，本質的にはすぐれて現代的であることである。このことは「情報化」をめぐる諸問題を，歴史的普遍性の視点ばかりでなく，むしろ現代社会から決して乖離させずに，現代社会の諸相に切り結びながら分析・検討することが不可欠であることを明らかにしている。

---

* 日本規格協会編『JIS工業用語大事典』（第5版），日本規格協会，2001．

そして第2に、「情報化」を「コンピュータ化」の視角からとらえると、「情報化」とは、「情報化」される以前には人間が行っていた記憶、比較、判断等の知的働きの一定部分を、人間から切り離してコンピュータに担わせたり、既存の社会的体系やシステムの中に新たにコンピュータを組み入れ、それらの機能と能力を飛躍的に強化・拡充することを本質的意味内容とした概念であると理解できる。

（2）「情報化」の本質としての生産技術の「コンピュータ化」

「情報化」概念をこのように認識していくと、現代の社会的ものづくり、すなわち生産の基幹技術であるオートメーションに注目しないわけにはいかない。オートメーションとは、それ以前の基幹技術であった機械にコンピュータ制御機構が付加された労働手段であり、機械の時代に人間が担っていた知的機能の一部をコンピュータに受け持たせている（第2章第1節）。また、コンピュータによる自動制御機構が装備されたものづくり技術は、その多くは個別単体として存在しているのではなく、コンピュータを組み込み、ディジタル信号を送受信する情報通信ネットワークを介して、体系化されている（同）。私たち人類は、自身の生存と生活に必要な財貨のほぼすべてを社会的ものづくりに依拠して獲得しているのだから、このものづくりの世界における「コンピュータ化」は、単にものづくりに限定された狭い世界の小さな動向なのではなく、人類社会そのものの存在・維持・発展に直結した広大で深奥な社会的うねりである。

このように、「情報化」の本質の一つをものづくりの世界の「コンピュータ化」に据える、すなわち、基幹技術のオートメーション化と、特にオートメーションのシステム化の面に「情報化」の本質的契機を見出そうとする視座は、本書のみに限ったことではない。

たとえば、「情報学」に関する日本で最初の本格的な事典として知られる『情報学事典』*では、「情報化」の項目において「情報化の現実的展開」（福田豊）は、まず1960年代に「産業システムの内部」で「局所的・局部的」な動

---

* 北川高嗣ほか編、前掲書．

きとして始まり，これが1970年代に入ると「情報技術は製造業における競争優位の源泉になることが明白」となり，「マイクロエレクトロニクス化（ME化）の進展」として社会化し，その結果「日本が情報化において世界をリードした」と解説されている（p. 440）。そして，その後1990年代の中頃から「情報化は，グローバル・ネットワークを形成する方向」で進展し，「高度なネットワーク技術が産業システムだけでなく，生活日常のシーンでも活用されるようになって，情報化のインパクトはますます広く，深く及ぶようになってきている」とされている（同）。

また，経済学者の北村洋基は，「オープンネットワーク型産業構造論」を提唱した自著『情報資本主義論』*の中で，「情報化」について次のように論じている。「情報化の新展開は情報処理技術と情報通信技術の結合・融合にその特徴がある。そのことは情報を人と自然との物質代謝の関係において，すなわち人間の自然変革活動とのかかわりにおいてとらえるだけでなく，人と人，組織と組織を結びつけるコミュニケーション関係という側面からもとらえなければならないこと，そしてこの両側面を統一的にとらえなければならないことを要請している。端的に言えば，コンピュータは高度な計算機であり情報処理手段であるが，それは機械や機械体系の制御技術ともなるし，生産と流通をネットワーク化して市場の変動に生産を柔軟に適応させる手段ともなるし，経営管理や意志決定支援の手段ともなるし，また人と人とのコミュニケーション手段ともなっており，そしてこれらの諸機能を統合したネットワーク体系が，現代の経済社会そして生活まで覆いつくしている」（p. 13）。

ここで北村は，「情報化」の本質部分は生産労働の世界におけるコンピュータの導入・拡充を基礎としたものであり，具体的には，コンピュータによる自動制御技術とディジタル通信技術とを統一的にシステム化した情報通信ネットワーク技術の発展が本質的契機を形成していると指摘している。

---

* 北村洋基『情報資本主義論』大月書店，2003.

(3) 普通教育としての情報技術教育をすべての高校生に

現代のものづくりの世界に「情報化」概念の本質をとらえることは，同時に，「情報」概念にも同じ本質的内容が含まれていることを意味している。

たとえば，平凡社『世界大百科事典（第2版）』*では，「情報」の項目において「情報」概念が次のように解説されている（坂本賢三）。

「〈情報〉という語は，広義にはニュースや知識を指すのにも用いられるが，厳密には，人間を離れて客観的に伝達・処理ができるようになった段階でのそれをいう。その伝達や処理は元来は人間が担ってきたものであるが，技術発達の過程で，材料加工から〈物質〉の概念が生まれ，原動機の開発から〈エネルギー〉の概念が生まれたように，通信技術やコンピュータや自動制御の発達の結果，新しく〈情報〉の概念が形成されたのである」。ここでは，「情報」概念が「通信技術やコンピュータや自動制御の発達の結果」として産出されたと解説されている。

このように，もはや私たちは，「情報化」概念や「情報」概念の本質を，ものづくりの世界を視点として認識しようとすることから逃避することはできない。むしろ積極的に，ものづくりの世界におけるコンピュータ制御技術とディジタル通信技術，そしてそれらをシステムとして存立させている情報通信ネットワーク技術との関連で，「情報化」の諸問題と切り結んでいく必要がある。換言すれば，教科「情報」の教育とは，すべての高校生を，IT（Information Technology；情報技術）を融合したものづくりの現代世界へと導き，そのことを通して，彼/彼女らを，自らの手で持続的発展可能な創造的「ユビキタス」社会を築き上げていく主人公に育てることを不可欠な役割の一つとしていると言える。本書では，このような教科「情報」の教育を，教育学的に言えば，高等学校における普通教育としての情報技術教育として位置づけている。普通教育とは，性や出自の違い，障害の有無等にかかわりなく，あらゆる人を対象とした万人のためのユニバーサルな教育を指す。

---

* 「ライブラリリンク対応CD-ROM」版，日立システムアンドサービス，©1998-2002 を使用。

（4）教育実践の豊かな蓄積を土台にして

　さて，本書の編集者は，この10数年余の間，主に中学校教育に焦点をあわせながら，普通教育としての情報技術教育のカリキュラムと教材を開発し，実際の授業実践を通して，それらの教育的意義を反省的に検証してきた。特にここ数年は，中学校技術科（技術・家庭科の「技術分野」）の「情報とコンピュータ」の営みを，「制御技術から情報通信ネットワークへ」の系と「通信技術から情報通信ネットワークへ」の系の二つから編成し，高度情報化時代のものづくりの世界のすばらしさとおもしろさを，すべての中学生にリアリティをもって豊かに分かち伝えるための研究を推進してきた。

　こうした理論的かつ実践的な研究では，特にインターネットに代表される情報通信ネットワークが，グローバルな規模での新たな水平分業型のものづくりの世界を形成する基盤技術の一つになっていることを，子どもたちがリアリティをもってわかるようにするため，授業の到達目標としては「しごとの広がり」概念と「しごとの共同」概念を設定し，教育内容としては「情報の電気信号化」と「電気信号の効率的伝送」の二つの技術科学の基礎を最も重視してきた。また，これらの技術科学的内容については，授業の中に原理を実感できる多様な実験・実習を位置づけることにより，アナロジーの認識レベルでは子どもたちに科学的な理解を与えることが十分可能であるとの仮説を立て，このことに対応して，電話交換機教材などの各種の教材を新たに開発し，子どもたち自身による体験的な実験・実習を多数実施できるようにしてきた。

　これらの成果は，村松浩幸編集代表『ITの授業革命「情報とコンピュータ」』（東京書籍，2000），技術教育研究会編集・発行『コンピュータネットワークでひらくものづくりの技術』上巻改訂版（ためしてわかる通信とネットワーク～電話からインターネットまで～，2003），『同』下巻（自動化からはじめるコンピュータ学習～Windows版オートマ君で自動機械の世界を歩こう～，2000）等で公表してきたところである。本書が，教科「情報」の授業を通してすべての高校生に，ITを融合したものづくりの世界から「情報化」の本質を知らせようとする，他に類を見ない独特な視座を掲げる根拠の一つは，こうした多年に及ぶ豊かな教育実践研究の蓄積が確固として存在することに由来し

ている。

　残念ながら，教科「情報」の授業の一環として，実際に普通教育としての情報技術教育を実践した経験は皆無に等しい。しかし，教科「情報」へと接続する中学校段階の教育実践の中ばかりでなく，教科「情報」と同じ高等学校に位置づき，教科「情報」に隣接する「専門教育」としての情報技術教育の中や，教科「情報」から続く大学教育における情報技術教育の中にも，今後の教科「情報」の教育実践を，当の高校生が学ぶ意味を実感できる確かな内実をもつものへと〈脱構築〉していくための英知が満ちあふれている。本書が，『実践情報科教育法――「ものづくり」から学ぶ』というタイトルを掲げる理由は，教育学の見地から言えば，ここに存在している。

> **演　習**
> 問題1　「情報化」の本質を踏まえながら，教科「情報」で期待される「情報活用能力」の内容や特徴を論じなさい。
> 問題2　来るべき「ユビキタス」社会をどのように創造すべきと考えるか，私たちが今日直面している現実の社会的課題を克服する観点から論じなさい。

3．教科「情報」の構成と免許・単位認定

　1999年3月に制度上誕生した教科「情報」は，普通教育の一環として必履修教科・科目とされた教科「情報」と専門教育の教科「情報」の二つに区分される。以下では，前者を普通教科「情報」，後者を専門教科「情報」とし，それぞれの目標や構成について見ていくことにする。

（1）普通教科「情報」の3科目構成の概要

　普通教科「情報」の目標（前節参照）にもとづいて，「生徒の経験や興味・関心の多様性を考慮し，3科目を用意し1科目を選択的に履修できるようにした」として情報A，B，Cの3科目が設置された。

　「情報A」の目標は，次のように示されている。「コンピュータや情報通信ネットワークなどの活用を通して，情報を適切に収集・処理・発信するための基礎的な知識と技能を習得させるとともに，情報を主体的に活用しようとする態度を育てる」。そして，目標実現のための内容として，「(1) 情報を活用する

ための工夫と情報機器，(2) 情報の収集・発信と情報機器の活用，(3) 情報の統合的な処理とコンピュータの活用，(4) 情報機器の発達と生活の変化」の四本柱になっている。

「情報B」の目標は，次のように示されている。「コンピュータにおける情報の表し方や処理の仕組み，情報社会を支える情報技術の役割や影響を理解させ，問題解決においてコンピュータを効果的に活用するための科学的な考え方や方法を習得させる」。そして，目標実現のための内容として，「(1) 問題解決とコンピュータの活用，(2) コンピュータの仕組みと働き，(3) 問題のモデル化とコンピュータを活用した解決，(4) 情報社会を支える情報技術」の四本柱になっている。

「情報C」の目標は，次のように示されている。「情報のディジタル化や情報通信ネットワークの特性を理解させ，表現やコミュニケーションにおいてコンピュータなどを効果的に活用する能力を養うとともに，情報化の進展が社会に及ぼす影響を理解させ，情報社会に参加する上での望ましい態度を育てる」。そして，目標実現のための内容として，「(1) 情報のディジタル化，(2) 情報通信ネットワークとコミュニケーション，(3) 情報の収集・発信と個人の責任，(4) 情報化の進展と社会への影響」の四本柱になっている。

(2) 目標の3観点

「情報教育」の目標として，以下の三つの観点が示されている。まず，
「情報活用の実践力」は，「課題や目的に応じて情報手段を適切に活用することを含めて，必要な情報を主体的に収集・判断・表現・処理・創造し，受け手の状況などを踏まえて発信・伝達できる能力」と説明されている。

「情報の科学的な理解」は，「情報活用の基礎となる情報手段の特性の理解と，情報を適切に扱ったり，自らの情報活用を評価・改善するための基礎的な理論や方法の理解」と説明されている。

「情報社会に参画する態度」は，「社会生活の中で情報や情報技術が果たしている役割や及ぼしている影響を理解し，情報モラルの必要性や情報に対する責任について考え，望ましい情報社会の創造に参画しようとする態度」と説明されている。

そして、「これら3つの観点は独立したものではない。[中略] 3つの観点を相互に関連付けて、3つの観点をバランスよく育てることが大切である」と説明している。

(3) 専門教科「情報」の概要

「専門教科『情報』は、高度情報通信社会における情報関連人材の養成の必要性に対応するための教科で、[中略] 普通教科『情報』の学習内容をより深めるために、専門教科『情報』の科目の内容が参考になる」という位置づけで説明されている*。

専門教科「情報」の目標については、「情報の各分野に関する基礎的・基本的な知識と技術を習得させ、現代社会における情報の意義や役割を理解させるとともに、高度情報通信社会の諸課題を主体的、合理的に解決し、社会の発展を図る創造的な能力と実践的な態度を育てる」としている。そしてこの教科目標を達成するために、三つの分野に属する11科目で構成されている（表1-1）。11科目のうち、「情報産業と社会」と「情報と表現」はこの教科の基礎的科目として位置づけている。このうち、「情報産業と社会」と「課題研究」が原則履修科目に指定されている。

表1-1 専門教科「情報」の科目編成

分　野	システム設計・管理分野	共通分野	マルチメディア分野
基礎的科目		「情報産業と社会」 「情報と表現」	
応用選択的科目	「アルゴリズム」 「情報システムの開発」 「ネットワークシステム」	「モデル化とシミュレーション」	「コンピュータデザイン」 「図形と画像の処理」 「マルチメディア表現」
総合的科目		「課題研究」 「情報実習」	

---

*　文部省『高等学校学習指導要領解説情報編』開隆堂, 2000, pp. 24-25.

（4）教員免許の特徴

教科「情報」を担当する教員の有資格性を担保するため，2000年3月に「教育職員免許法等の一部を改正する法律」（法律第29号）が公布され，続いて同年6月に「教育職員免許法施行規則の一部を改正する省令」（文部省令第47号）が公布された。これらは同年7月から施行され，これにより，高等学校教員の普通免許状と臨時免許状のうちに新たに「情報」と「情報実習」が位置づけられ，「高等学校教員免許状（情報）」と「同（情報実習）」が誕生した。

これらの教科「情報」に関する教員免許状については，他の教員免許状と同じく，大学で所定の授業科目の単位を修得した者に交付申請資格が与えられる。この単位を認定しようとする大学は，文部科学省から「課程認定」を受ける必要がある。教科「情報」教員免許状の課程認定は2000年度から実施され，2001年度から各大学での教科「情報」教員養成が実際に始まった。

大学で修得しなければならない授業科目の種類等については，「教育職員免許法施行規則」によりその大部分が定められている。「高等学校教員免許状（情報）」についてその大要を述べると，「教科に関する科目」は「情報社会及び情報倫理」「コンピュータ及び情報処理（実習を含む）」「情報システム（実習を含む）」「情報通信ネットワーク（実習を含む）」「マルチメディア表現及び技術（実習を含む）」「情報と職業」の6種の科目について所定の単位を修得することとされている。また，「教職に関する科目」のうち「各教科の指導法」については，高等学校教員の場合，教科「情報」に限らず，取得する免許教科ごとに所定の単位を必ず修得しなければならないと定められている。

さて，教科「情報」の発足に際しては，「高等学校教員免許状（情報）」の交付について特例措置が設けられた。具体的には，前述した2000年の「教育職員免許法等の一部を改正する法律」では，附則第2条により，「この法律の施行の際現に次の各号のいずれかに該当する者であって，平成十五年三月三十一日までの間において文部省令で定める情報の教科に関する講習を修了したものには［中略］高等学校教諭の情報の教科についての一種免許状を授与することができる」と定められた。すなわち，教科「情報」が実施され始める直前の2002年度までの3年間に限り，一定の現職教員を対象として，文部科学省と

各都道府県教育委員会による特別な認定講習会を開催し，その修了者に「高等学校教員普通免許状一種（情報）」の交付申請資格を与えるというものである。

この認定講習会の受講資格は，①「改正前の教育職員免許法（以下「旧法」という）の規定により，数学，理科，看護，家庭，農業，工業，商業若しくは水産の教科又は教科の領域の一部に係る事項で旧法第十六条の四第一項の文部省令で定めるもの（文部省令で定めるものに限る）について高等学校教諭の普通免許状の授与を受けている者」，②教育職員免許法施行法（昭和24年法律第148号）の規定により，前号に掲げる教科について高等学校教諭の普通免許状の交付又は授与を受けている者」のいずれかを満たすこととされた。

文部省（現，文部科学省）の初等中等教育局職業教育課は，こうした制度改定に対応するため，早くも1999年8月19日付で「高等学校新教科『情報』に係る現職教員等講習会の実施について（事務連絡）」を各都道府県教育委員会に発出した。この事務連絡では，2000年度からの3年間，毎年3000名，計9000名の「参加者」を得て，認定講習会を実施することを予定しているとされている。

以下には，文部省が発行した『平成12年度 新教科「情報」現職教員等講習会テキスト（1）』，『同（2）』の2分冊の目次を掲載する。下記の具体的項目を見ると，情報技術の扱いは極めて薄い。

■ **テキスト（1）** ①指導計画の作成と実習等の取り扱い/②問題解決/③職業指導/④情報と生活/⑤情報社会/⑥著作権1/⑦著作権2/⑧情報モラル/⑨ハードウェアの基礎/⑩ソフトウェアの基礎/⑪データ通信の概要/⑫計測・制御の概要/⑬コミュニケーションの基礎/⑭情報の表し方/⑮プレゼンテーションの基礎

■ **テキスト（2）** ①アルゴリズムの基礎/②情報システムの概要/③情報検索とデータベースの概要/④モデル化とシミュレーション/⑤ネットワークの基礎/⑥コンピュータデザインの基礎/⑦図形と画像処理/⑧マルチメディアの基礎

ちなみに，たとえば岡山県で2002年度に開催された「新教科『情報』現職教員等講習会」は，7月中旬から8月下旬にかけて，90分1コマの「講習又は演習」を1日4コマ，計15日間60コマ実施したとされている（岡山県情報教

育センターのウェブサイトより)。

(5) 小学校や中学校への学習内容の移行

コンピュータ及びコンピュータネットワーク活用の育成に重点がある「情報A」，情報社会に参画する態度の育成に重点がある「情報C」の内容は，中学校技術・家庭科技術分野の内容B「情報とコンピュータ」をはじめとして他の教科で行われている*。

小学校段階においては，「総合的な学習の時間」における「調べ学習」を中心としてインターネット活用が行われ，学習成果の発表にプレゼンテーションソフトの活用が行われている。中学校段階においては，教科全般にわたって同様な活用と，加えて教科内容との関連でコンピュータを思考の補助的道具として活用する授業が行われている。すなわち，情報A，Cの内容の多くは，小学校や中学校へ移行中とみなせる。そのため，高等学校における教科「情報」のカリキュラム・教材の検討がされなければならない。

---

* 実践事例は枚挙にいとまがない。たとえば，「情報化の進展に対応した初等中等教育における情報教育の推進等に関する調査研究協力者会議第一次報告」(1997年10月3日) の第3章第2節 「既存教科等における『情報活用の実践力』の育成」。

産業・労働の変化と情報技術

1. 情報技術の進展と水平分業型企業経営

(1) 基幹技術のオートメーション化

　コンピュータ技術の発展と共に，製造業の製造部門では，個々の労働手段にコンピュータが組み込まれ，基幹となる労働手段が機械からオートメーションへと変化した。

　オートメーションの前段階としての機械は，作業機，伝達機構，原動機の三つの要素からなる。これに対してオートメーションは，この機械の3要素のほかに新たに第4の構成要素として，コンピュータによる自動制御機構が加わり，コンピュータによるプログラム制御が可能となった労働手段を指す。今日の発展したオートメーションは，「原動機，伝導機構，作業機のそれぞれに単数あるいは多数のマイコンが付加されて制御され，そうした機械体系の制御をさらに上位コンピュータで総合的・統一的に処理・制御するシステム」である＊。

　日本の製造業でのオートメーション化（自動化）の端緒は，1950年代に見出すことができる。1956年，最初の国産NC（Numerical Control；数値制御）工作機械が開発された。NC工作機械の数値制御はさん孔テープによる方式であったが，これはその後コンピュータ制御方式CNC（Computerized Numerical Control）へと進んだ。国産産業用ロボットも1960年代から登場した。日本は，産業用ロボットの世界一の普及率を誇っており，産業用ロボットは鋳造，プレス，溶接作業など危険で単調な業務部門から使用され始め，特

＊　北村洋基『情報資本主義論』大月書店，2003，p.99．

に自動車工業における自動化・無人化の隘路を大きく切り開いた[*1]。

(2) 自動化された製造部門の業務連携

　NC-CNC工作機械や産業用ロボットは,今日ではそれ自体が個別単体として使用されるよりもむしろ,複合化されたシステムとして位置づけられることが多い。1980年代から登場したFMS (Flexible Manufacturing System) は,この複合的なオートメーション・システムの典型であり,NC-CNC工作機械,産業用ロボット,マシニングセンター,自動搬送機,自動検査機,自動倉庫等が体系的に配置され,上位コンピュータと結合されている[*2]。

　またFMSとともに,CAD/CAM (Computer Aided Design/Manufacturing；コンピュータ支援設計・製造システム) やCAE (Computer Aided Engineering) が登場・普及し,製品の開発・設計・製造がコンピュータを利用して結合され,自動化されるようになった。これらFMSとCAD/CAM/CAEはさらに結合され,これをFA (Factory Automation；ファクトリオートメーション) と称した。

　さらに,製造部門と他部門とのコンピュータ利用の業務連携は次第により拡大・強化し,1980年代以降CIM (Computer Integrated Manufacturing；コンピュータ統合生産) が登場・普及した。このCIMのもとでは,自動化された製造部門が,開発・設計部門,生産管理部門等との結合を強めた。

(3) オートメーションの発展を支える情報通信ネットワーク

　各企業は,このようなFMS,CAD/CAM/CAE,FA,CIM等のコンピュータ化された業務連携を,情報通信ネットワーク化によって実現した。情報通信ネットワークとは,コンピュータが組み込まれた通信ネットワークである。通信ネットワークは,コンピュータ等の通信機器と,それらを相互に接続しているケーブル等の総体を指す。ノード (node) とリンク (link) の総称とも言える。

[*1] 中山茂編集代表『通史　日本の科学技術』第4巻,1995,p.385.
[*2] 北村洋基,前掲書,p.101.

情報通信ネットワークの出現は，世界的にも国内的にも1980年代前半から本格化した。日本ではこの頃から「ニューメディア」の名のもとに，コンピュータと通信技術とを結合した種々の情報通信技術の実用化への取り込みが始まった。

　このうちLAN（Local Area Network；構内情報通信ネットワーク）は，個別企業等の同一構内において，コンピュータ等の複数のノードを専用の単一の伝送路のもとに編成した情報通信ネットワークであり，1980年代に実用化された。このLANは，社会的には特にオートメーションのシステム化に重要な役割を果たし，FMSとCAD/CAM/CAEとを結合して，FAを実現する不可欠な土台となった。また，電話回線網やISDN（Integrated Services Digital Network）を利用したWAN（Wide Area Network；広域情報通信ネットワーク）が実用化すると，FAは製造部門以外の販売部門等とのコンピュータ化された結合を生み出し，これによってCIMが登場した*。

（4）インターネットの登場と垂直統合型からの解放

　製造部門に関する1990年代前半までの情報通信ネットワークは，当初は各企業内のみで通じる閉鎖的な性格を特質としていた。このことは，個々の企業が単独で商品の生産に関する業務をほぼすべて遂行するなど，商品を市場に提供するために必要な大部分の業務と資産を一つの企業内に抱える近代的な垂直統合型企業経営のもとでは，適するものであったと言える。

　これに対して，1990年代後半から急速に普及したインターネットは，CADソフトウェア等のビジネスソフトウェアの標準化（パッケージソフトウェアの普及）やEDI（Electronic Data Interchange；電子データ交換）の普及など，それ以前からのインタフェースやビジネスプロセスの標準化の動きを一気に加速させ，このような閉鎖的な近代システムを解体・変容していく決定的な技術基盤を形成した。インターネットは，通信プロトコルにTCP/IP（Transmission Control Protocol/Internet Protocol）を使用した全世界規模の巨大な分散処理型コンピュータネットワークである。このインターネット上の通信は，TCP/IPという標準化されたプロトコル上で行われ，誰もが簡単に

---
*　菅茂「FA用コンピュータシステムおよびネットワーク」，『情報処理』第25巻4号，1984.

利用できるユニバーサルでオープンな性格のものであることを特質としている。すなわち，インターネットの登場と普及により，特定の敷地内の同一の企業内や部署内でしか実現できなかった緊密な業務連携は，物理的にも時間的にも遠く隔てられた企業間・部門間でも容易に実施可能となった。

秘密裏に行うことが多い企業の諸業務をオープンなインターネットを通じて実施する問題は，情報の暗号化と認証システムの開発・整備，それらを利用したVPN（Virtual Private Network）の実現などにより克服されてきた。VPNは「仮想専用線」「仮想私設線」とも言われ，インターネット等を利用しながら拠点間を専用線のように接続した閉鎖性のある情報通信ネットワークである。今日の発展したWANの一種であり，インターネットVPNやIP-VPN等がある。

(5) 水平分業型「生産」システムの登場と進展

このように1990年代に入って以後，通信規約が標準化され，かつ通信費が安価なインターネットの急速な普及により，単一企業内での業務連携ばかりでなく，複数企業間・異種企業間での事業連携（提携）が推進されるようになった。垂直統合型の企業経営の解体・変容の動きであり，特定の商品の開発・製造・販売等を複数の企業が分担して行う水平分業型企業経営の登場・進展の動向である（図2-1）。

この一環として，早くも1990年代前半には「バーチャル企業連合」と称する新たな企業戦略が提示され，インターネット環境を利用して，特定の商品プロジェクトに応じたグローバルな戦略的企業提携が構想・実施され始めた*。

今日では，こうした高度なセキュリティ機能をもつ情報通信ネットワークに依存した水平分業型の企業経営は，全体としてはSCM（Supply Chain Management）の一環として位置づけられることが多くなっている。このSCMのもとでは，特定の商品の製造－物流－販売という一連の基幹業務にかかわる働き手と労働手段が，正確で価値ある情報をリアルタイムで共有することによって，その基幹業務全体の効率化・最適化が強力に推し進められている。

---

* 伊藤友八郎『バーチャル企業連合――ドリーム・チームによる「仮想企業体」経営』PHP研究所，1996参照。

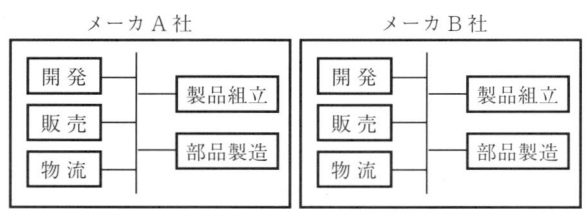
(a) LANベースの垂直統合型企業経営図

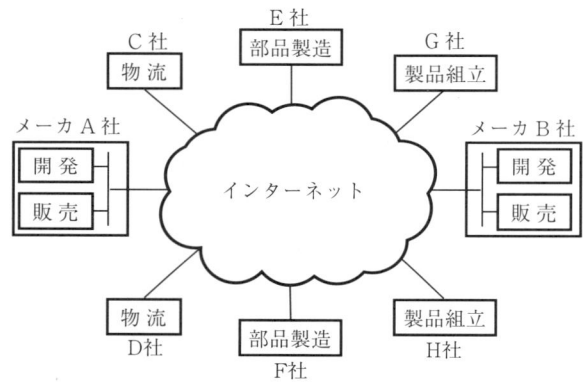
(b) インターネットベースの水平分業型企業経営図

図2-1 垂直統合型・水平分業型企業経営図

換言すれば，SCMを利用した各企業は，インターネット環境を駆使して，顧客各人が求める商品を，必要なときに必要な量だけ生産・販売する方式を，企業横断的に徹底して実現しようとしている。

1990年代までのCIMが企業ごとに製造部門の自動化に力点を置いたいわば部分最適化方式であったのに対して*，このSCMは顧客のニーズへの迅速かつ的確な対応や，製造−物流過程全体の在庫の減少などを，企業横断的に追求し，全体の最適化を極度に目的化している点に大きな違いがある。このようなインターネットを基礎とした水平分業型企業経営は，コンピュータや電子機器，家電など，市場が急速に変動するため，製品を市場に投入するまでのリードタイムの短縮化や各業務プロセスでの意思決定の迅速化が企業損益に極めて大き

---

* 堀内良雄『製造業のIT用語がわかる本』工業調査会，2000参照．

く作用する分野で特に勢力を広げつつある。SCM を実現するためのパッケージ・ソフトウェアが広く普及している。

（6）デル社の「バーチャル・インテグレーション」

アメリカに本社を置くデル社（Dell Inc.）は，世界最大の規模で急速に発展を遂げているコンピュータ関連の巨大企業であり，2003 年度第 1 四半期のパーソナルコンピュータ世界シェア首位に位置している。このデル社の発展を支えているのが，SCM の代表的事例の一つとされる独自の BTO（Built To Order；個別受注生産）-直販方式「デル・ダイレクト・モデル」である。これによってデル社は，個人から企業等の多彩な顧客それぞれの希望に応じて逐一仕様をカスタマイズした多様な製品を，最長で 1 日以内，最短の場合数時間で製造し，顧客へ出荷している*。

この「デル・ダイレクト・モデル」はインターネットを必須の技術的基盤としており，デル社は，自社のポータルウェブサイト「デル・ドットコム」等を通じて，顧客および部品製造等の事業連携諸企業との間にリアルタイムな関係を構築している。このためデル社は，完成品の在庫を全くもたずに，業界屈指の低在庫水準（2003 年 1 月期末現在で在庫日数 3 日）を実現しているとされている。

デル社は，このような顧客 - 自社 - 事業連携諸企業とのインターネット等による緊密な関係を「仮想統合（バーチャル・インテグレーション）」と称している。

（7）EMS と IT アウトソーシング

SCM は他社との緊密な提携を必須としているので，SCM を推進する企業は，他社と「差別化」できる中核業務（コア・コンピタンス）に特化し，それ以外の業務については他社にアウトソーシングする傾向がある。たとえば，デル社と同様に，ウェブベースの独自の SCM「インターネット・エコシステム」を

---

* デル社の事例については，デル社の日本法人デルコンピュータ株式会社のウェブサイト，およびレベッカ・ソーンダーズ『デル ── コンピュータ直販で成功』金利光訳，三修社，2002 を主に参照．

展開しているシスコシステムズ社（本社アメリカ：Cisco Systems, Inc.）は，情報通信ネットワーク関連の巨大企業であるが，自社商品を製造している工場の約95％は他社工場であり，「全く生産しない方式」を企業戦略の中心部分に位置づけている[*1]。

他方，このことに対応して，EMS（Electoronics Manufacturing Service）という，他社ブランドの製品製造を専ら請け負うほか，製品の設計や経営戦略のIT化など製造に関連した種々の付帯事業を営む新たなグローバル企業が出現している[*2]。EMSは，特定の１社のみではなく，種々のエレクトロニクス・メーカと事業提携するため，生産設備や製造プロセス等を徹底的に標準化し，製造の柔軟性を高めることに努めている。また，このEMSとは別に，各企業内で肥大化するIT関連業務を当該企業に代わって担い，SCM等の企業戦略の構築をも支援する「ITソリューション・ベンダー」なる企業も成長しつつある。

（8）「仮想的」な分業・協業の展開

水平分業型企業経営のもとでは，種々の働き手が，情報通信ネットワーク上の各種サーバやデータベースを結節点としてリアルタイムに結びついた，情報通信ネットワーク上の新しい「仮想的（バーチャル）」な分業・協業の仕組みが登場している。

その典型例の一つは，複数企業・異種企業間での提携が推進されることにより，このような「情報共有のパートナーシップ（information partnership）」[*3]が，企業の枠を越えて，当該企業間の各種の業務について強力に築かれつつあることである。

たとえばデル社のマイケル・デルCEO（Chief Executive Officer；最高経営責任者）は，提携先の諸企業を「パートナー」と称して，それらと「計画を

[*1] デービッド・スタウファー『シスコ——E-コマースで世界を制覇』金利光訳，三修社，2002，pp. 67-68.
[*2] EMSについては稲垣公夫『EMS戦略——企業価値を高める製造アウトソーシング』ダイヤモンド社，2001，参照．
[*3] Michael Dell, Direct from Dell; Strategies That Revolutionized an Industry, paperback edition, HarperCollins Publishers, 2000, p. 220.

共有し，情報をオープンかつ自由に交換する」ことが極めて有効な企業戦略になると述べ，この意味で同社の「仮想統合」とは「われわれのパートナーを，まるでデル社の内部に存在するかのように取り扱うことによって，別個の業務をひとつに編み合わせる方策である」としている[*1]。具体的には，たとえば商品の設計に関してデルCEOは，デル社とプラスチック部品製造会社およびプリント基板製造会社の各技術者が，インターネットを介して同一の設計データベースを共有することにより，あたかもデル社の「設計チーム」の一員であるかのように「事実上は一緒に働いている」と述べている[*2]。

このように複数企業が，CADやPDM（Product Data Management）等を利用し，インターネット上の特定のデータベースを共有化することによって，同一の商品の開発・設計を共同で実施することは今日では広く一般化しつつある。特定の商品プロジェクトに関する企業間でのこうした「仮想的」な分業・協業を「E-コラボレーション」とも言う。

なお，「仮想的」な分業・協業は，技術的には情報通信ネットワーク上の各種ストレージ（記憶装置）が，要としての重要な役割を果たすので，このストレージ環境の改善・効率化が，大きな企業課題の一つとなりつつある。

演習

問題1　情報技術の歴史に関する簡単な年表を作成しなさい。

問題2　水平分業型企業経営について，情報通信ネットワークを通じて各企業間を流れる情報の内容を簡単に図式化しなさい。

[*1]　Michael Dell，前掲書，p. 180, p. 185.
[*2]　Michael Dell，前掲書，pp. 195-196.

2. 町工場のIT革命

(1) 待ち工場からの脱却

　町工場が大きく変化している。1980年代にNC旋盤やマシニングセンターを導入して加工スピードが向上したことに加えて，90年代に入りコンピュータの価格が下がったこともありCAD/CAMシステムが積極的に導入された。これらの設備投資によって製品の大量生産が可能になり，納期も短縮できるようになった。

　しかし，折しもこの不況下，いくら設備を整えても注文がこなければ宝の持ち腐れである。2000年以降，これらコンピュータを活用した加工技術にインターネット等の情報技術を駆使し積極的な情報発信による受注システムが加わる動きが出てきた。注文を待っているだけの「待ち工場」からの脱却，これが，いわゆる町工場のIT革命である。

(2) 情報技術の多様化

　情報技術を駆使したIT革命といっても，その内容は多様化している。まずは，CAD/CAMシステムと電子メールの組み合わせにより，図面や仕様をペーパレスでやり取りすることが可能になった。電子メールによる文字情報のやり取りは日常生活でも大いに役立っており，今後とも積極的な活用が期待される。ただし，CADの図面データに関しては，すべてのディジタル規格が統一されているわけではないため，電子メールの添付ファイルで送った図面データがそのまま町工場のCAD/CAMシステムと一致するわけではない。不特定多数からの受注のある工場では，結局は自身でNC旋盤やマシニングセンターのプログラムをすることになるため，図面に関しては必ずしもCADデータが歓迎されているわけではない。きちんとした図面が書けていれば，手書きの図面をFAXという方法でも十分であるという。いたずらにCADを活用しても，内容が不正確であったり，必要以上と思われる厳しい表面粗さを求められたりすると，何のための情報化なのかわからなくなってしまう。CADでも手書きでも，製図の基礎を習得しておくことが最も大切なことである。

2. 産業・労働の変化と情報技術

　また，電子メールで簡単に町工場との取引ができるようになったことはメリットが多いようにも思える。しかし，気軽に発注ができるようになったため，同様の図面を数社に送って見積もりを取り，価格競争の末に一番安い工場へ注文が流れるという現象も見られるという。その結果，多くの町工場では夕方に工場を閉めた後，各地から送られてくる図面を読んで見積もりを作成するという仕事に追われている。それでも注文がないよりはましという考え方もあるが，情報化ですべてが便利になるのではないということは頭に入れておきたい。

　ネット受注を増やすための第一歩はパソコンを購入してウェブページを立ち上げることである。中小の製造業でウェブページを立ち上げている多くは，20代〜40代の2代目や3代目。幼い頃からコンピュータゲームなどには触れている世代である。ウェブページを立ち上げたきっかけは，長引く不況による注文の激減という動機が多い。しかし，ネット受注を始めれば誰でも売上げを伸ばすことができるわけではない。不況の影響もあり，ネット受注を導入して売上げが落ちなければ上出来という声も聞く。それでも，各企業では実にさまざまな工夫がなされている。

　多くの場合，パソコンを購入してインターネットを使いこなす技術の習得は独学である。しかも，正規の加工業に割く時間以外，すなわち夜を徹して自社のウェブページを製作し，管理する。できるだけ多くの方に見てもらえるように，写真などを盛り込んでできるだけ見やすいページにしたり，製造業関連の掲示板に書き込みをしたり，リンク登録をしたりすること。これには時間はもちろん，多くの苦労を伴う。それでも，1人でも多くの人に見てもらい，1件でも多くの注文をもらえるよう，全国各地の町工場のウェブマスター（ウェブページの管理人のこと）は日々，改良を加えている。

　加工できる寸法や材質がわかりやすく明記されているサイトには，加工の発注がしやすい。また，注文の最低ロット数や最短納期などがおおまかにでも明記されていることも重要である。近年の中小企業の取引先は企業からの大量受注だけでなく，個人からの少量受注に対応しているところも多い。そのような部品発注の実際はどのように行われているのだろうか。日々進化を続けている町工場の労働現場のようすをのぞいてみよう。

（3）町工場のネット活用の実際を見て歩く

■ 小池製作所　http://www.koike-ss.com/（2003年12月1日確認*）

「ネット受注をはじめていなければ，今頃は廃業していたと思います」。小池製作所（神奈川県川崎市）の二代目，小池孝洋さんは言う。マシニングセンターを用いた部品加工を行ってきた小池製作所は，2001年の売上げが前年の約7割に落ち込んだ。そこで，コンピュータで描いた3次元の製図を工作機械に作業させるCAD/CAMを行う最新のソフトを購入することを決断するが，それだけでは受注は増えない。

そこで，まずウェブページを立ち上げて，製造業の受発注サイト掲示板への書き込みと登録系サイトへの新規登録を始める。その後，ウェブページはリニューアルを進めて，2003年4月には中小製造業のための情報発信事業を行っている最大手であるNCネットワークが主催するユーザ反応度ランキングで見事1位に輝いた。これに伴い，個人からの注文などを含めて受注も伸ばしている。女性客向けに製作したガーデニング用品をネットショップで販売する試みなど，今後の展開が楽しみである。

■ 浅井製作所　http://www.nejikouba.com/

タッピンねじなどの小さいねじをヘッダとよばれる機械で量産している浅井製作所（埼玉県草加市）は，当初からネット受注に積極的だったわけではない。市の商工会議所からネット上に企業案内を無料で掲載してもらえると言われて登録したものの自宅にネット環境がないため，そのサイトを見ることができないでいた。その後，業界紙に広告を出したときにそのアドレスを掲載したところ，現在ではメインの取引先になっている大阪の企業から発注があった。その頃からネットの強みを実感しだし，パソコンを購入してネット環境を整えたのは2001年の7月。それまでパソコンの経験は全くなかったという浅井英夫さんだが，今では独自ドメインを取得し，携帯電話用のサイトも立ち上げるまでになっている。サイト内では作動中のねじの種類を紹介したり，ねじができるまでのようすを動画で紹介するなど，工夫を凝らしたサイトへと常にリニューアルを続けている。

---

*　以下，本書に記載のURLは同日である。

2. 産業・労働の変化と情報技術

■ 中井精密　http://www4.ocn.ne.jp/~nakai/

　CNC複合旋盤（φ20以下）等による金属や樹脂等の切削加工を行っている中井精密（東京都大田区）でウェブページを管理しているのは，2人ともサラリーマンから転身の三代目の中井松雄・智治兄弟である。加工品の写真を豊富に盛り込んだ充実したウェブページと日々修行中のNC加工のプログラム。このIT化の背景の裏には，手作業の部分も多く残されている。まず，ほとんどの受注はFAXで受け取り，加工の段取りを考えてプログラムする。また，加工は自動だがバイト＊を研ぐのは人間であり，年配のベテランにしかできない職人技である。このようにIT化を進めるにあたっては，何ができて何ができないのかの見極めはもちろん，何をIT化するのかという見極めが大切なことに思える。

■ 斉藤製作所　http://www.senbankakou.com/

　CNC複合旋盤による切削加工を行う斉藤製作所（横浜市鶴見区）のウェブページは日々進歩を続けている。ウェブページを管理しているのは斉藤浩尉さん。パソコンを購入して，ネット環境を整え始めたのが数年前。すべて独学だという。ウェブページを開設してからは個人からの発注も増え，競技用ロボットのパーツなども製作している。senbankakou.comという独自ドメインも取得し，オレンジ色を主体としたきれいなページには，必要な事柄がコンパクトにまとめられている。製造業のウェブページコンテスト「エミダスホームページ大賞2003」で「町工場賞」を受賞するなど，対外的な評価も高い。

■ 佐藤製作所　http://www.satoss.co.jp/

　各種NC旋盤による切削加工を行う佐藤製作所（横浜市都筑区）は，金属，非金属の精密部品，特殊部品，ねじ類を製造している。ウェブページを管理しているのは佐藤晶活さん。個人向けの部品加工にも対応しており，これまでに自動車，バイク，ロボットの部品などを製作している。ウェブページにはお客様の声として部品納入の感想などが掲載されており，個人でも気軽に発注できるようすがわかる。お客様のためのものづくりをしたいという気持ちが伝わってくるページである。

＊　旋盤に取りつける刃物のこと。

■ 竹澤鋲螺(びょうら)　http://www.tokusyu-neji.jp/

　ねじと金属切削加工のなんでも屋・竹澤鋲螺（東京都港区）の竹澤千治さんがウェブページを開設したのは1999年のこと。アクセス総数は2003年10月に10万を突破した。ページ内には扱うことができるねじの種類が豊富に紹介されており，ねじの知識に関するページも多い。

　取引のある企業や研究所は約250社。定番の規格ねじだけでなく，大手DIYショップでは断られてしまうような面倒な注文にも何とか応じようという姿勢である。個人相手の特注ねじも数多く取り扱っており，ミニクーパーのカスタムメイド用や全チタンで万年筆用のねじ，北野共生プロジェクトの二足ロボット・morphには特殊な寸法のアルミねじを納めている。最先端のロボット研究ではねじ1本まで薄くて軽く，強度をもつという特性が求められているのである。

　ねじの商社としての機能を果たしている事務所には，電話，FAX，コンピュータが所狭しと並んでいる。しかし，迅速な受発注を可能にしているのはこれらの情報機器だけではない。やはり竹澤さんのねじに関する豊富な知識が何万種類というねじを数本単位から売買することを可能にしているのである。

　竹澤鋲螺がある東京都港区白金地区は都心の高級住宅地というイメージが強いが，近代工業化発祥の地として製造業の集積地の歴史と技術があることはあまり知られていない。2003年に竹澤さんが事務局長となり，港区の製造業を活性化させるためのグループである，みなとものづくりルネッサンス（略称：MMR）が誕生した。白金，麻布，芝浦など港区内の中小企業からメンバが集まっている。

　年々数を減らしつつある港区の製造業をどうするか。毎月2回の会合ではさまざまな意見が交わされている。発足間もない現在は，港区の特色たる情報の集積地，知の集積地でしかできない提案型の製造業へと変革することを目指している。

　単に各自の技術の向上と失われたネットワークを再構築することにとどまらず，さらなる産学連携やベンチャー企業との連携など新たな分野にも視野を広げ，港区製造業におけるものづくりの原点へのルネッサンス（再興，復興）である。まずは各企業のウェブページの作成，そして港区芝浦にある東京工業大

2. 産業・労働の変化と情報技術

学工学部附属工業高等学校との連携に向けて，動き出したところである。

（4）実際にネット発注をしてみよう

　町工場からの情報発信が積極的に行われるようになり，個人からの発注にも迅速に対応できるようになっている。工業高校では，旋盤やフライス盤，ボール盤などの工作機械による実習は行っているが，NC旋盤やマシニングセンターはあっても，加工できる材質や寸法，精度などの面で何でもつくることができる学校は少ない。そこで，実際にロボットの部品を町工場に発注してみることにした。登場するのはロボット愛好家の植村千尋さん。東京工業大学でロボットの研究を行っている大学院生でもある。今回，発注するのは，ロボット競技会用のロボットの足となる部品。いずれも個人での加工は難しいものばかりである。

　まず最初に行うことは図面の作成である。図2-2にその図面を示す。今回は簡易型のCADで製図を行った。手書きやスケッチ程度でも発注は可能である

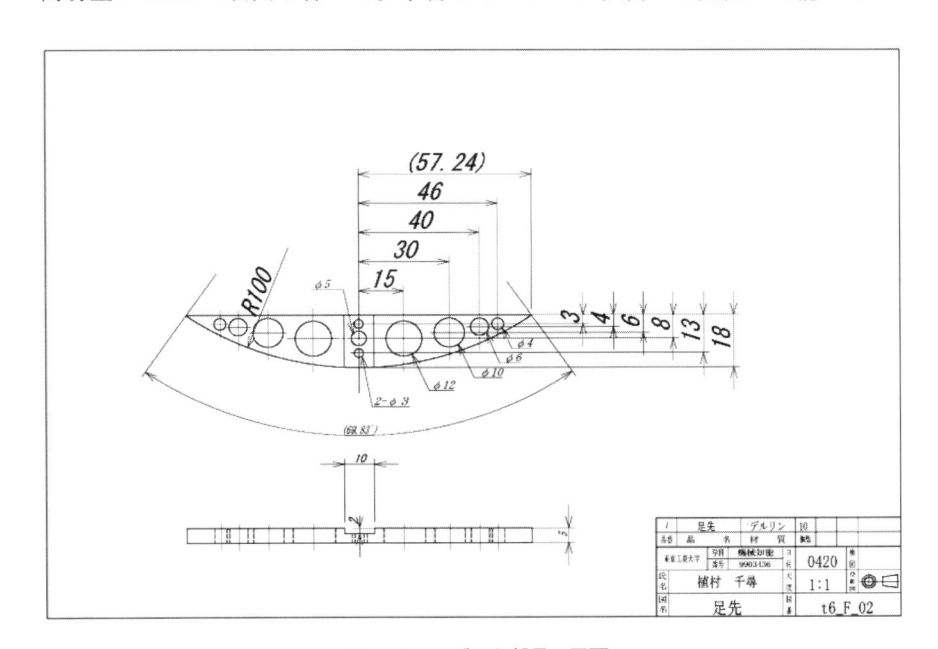

図2-2　ロボット部品の図面

が，このくらいの図面が書ければ確実に伝わるだろう。加工を請け負ったのは，前ページでも登場した小池製作所。まずは図面を見てマシニングセンターのプログラム作業に入る。3次元のCAD/CAMを利用しているため，コンピュータ上では図面と加工工程を入力することになる。

　材料とジグ，そして加工の原点決めなどを段取りよく進めるといよいよ加工に入る。刃物が順番に動き出し，少しずつ部品が完成していく。1個できてしまえば10個でも100個でも加工は可能である。学校現場ではなかなか量産ということを考えることができないので，自動的に量産されるという様子を目の当たりにすると世の中でのものづくりが実感できる。もちろん，同じ部品を作るにしても1個つくるのと1000個つくるのでは1個当たりの単価は異なってくる。その理由も加工までの段取りを見れば明らかである。そして，いくらIT化が進んでも，この段取りの工程をすべて自動化するのは無理，というより無駄な気がする。「何をIT化すればよいのかを考えることが大切だ」。町工場での加工の実際を見学して，改めてそれを実感した。そして，完成したのがこの部品（写真2-1）である。

　製作した部品の工程をまとめると次のようになる。依頼主の方とはすべてメールのみの連絡で行っている。

① 図面の受け渡し（メールによるPDFファイル）
② 図面から加工計画の思考（製作順序や治具の形を考える）
③ NCプログラム作成（図面をCAD化，CAMの利用）
④ 適切な寸法に材料を切断し，汎用フライス盤による角取り（必要な平行

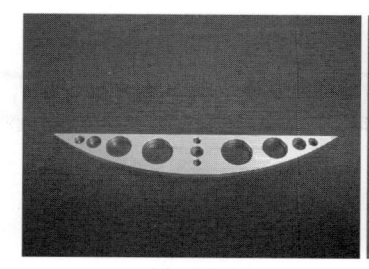

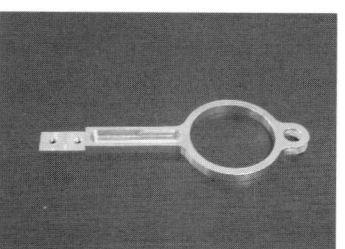

(a) 部品1　　　　　　　　(b) 部品2

写真2-1　小池製作所が製作した部品

面をそろえる）
⑤　治具の製作（マシニング加工）
⑥　マシニングによる穴加工
⑦　マシニングによる外形切削（治具を利用）
⑧　仕上げ加工

　次の部品を加工したのは佐藤製作所。シャフト部品の加工方法は大きく分けて2工程になる。まずステンレス丸棒材料を少し長めにしてカット，全長を仕上げながら溝入れ，そこまでが1工程。第2工程は四つの穴あけとフライス加工。これは位置合わせがあり，この加工のみ近所のマシニング屋さんに依頼した。万力のようなものでチャッキングし，穴はフライスの同時加工で終わらせている。加工自体はNC複合機でも対応できるがそれは量産の場合だけである。プログラムにかかる時間等を考えれば，少ロットの場合にはこのような形での（協力工場との連携）加工方法を行っているという。完成した部品を写真2-2に示す。

　次の部品を加工したのは斉藤製作所。難しかった点は特にないが，寸法交差と外観（表に出る部分だったため，できるだけきれいな仕上げ）には気を使ったという。加工順序は，デルリンのバー材をNC複合機にて加工したため，表と裏の2工程，表の加工時に旋盤加工と穴あけ加工のNC複合加工を行った。裏は端面切削のみ。ちなみにデルリンとは，金属に似た特性をもち柔軟性に富むエンジニアリングプラスチックスのことである。完成した図面を写真2-3に示す。

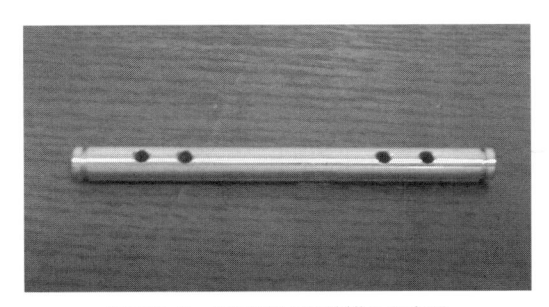

写真2-2　佐藤製作所が製作した部品

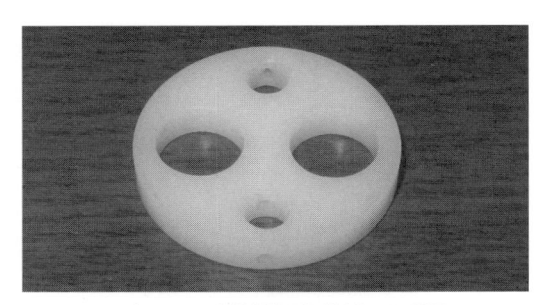

写真2-3　斉藤製作所が製作した部品

　このように個人からの少量の発注にも迅速に対応してくれる町工場。今回，実際に部品の発注から完成までの流れを見学することで，町工場のIT革命を肌で感じることができた。今後はベンチャー企業との連携など，さらに活動範囲を広げることが期待される。

3 情報技術を核とした カリキュラム，授業論

1．情報技術の学力と教育目標

（1）学力について考える必要性

　現行の新しい学習指導要領では，教育内容を基礎・基本に厳選し，生徒たちに生きる力を身につけさせ，ゆとりをもって学習できるようにという方向で改定された。総合的な学習の時間の導入を目玉に学校の裁量を大幅に認めるなど，大きな改定であった。それに対し，「分数ができない大学生」*などに代表される大学の研究者による学力低下の指摘に始まり，世論を巻き込んだ学力低下論争が大きく巻き起こっている。これについてはさまざまな立場からの意見があり，筆者ら教育現場にいる人間としても大変な関心事であるが，本書で学力低下問題を論じるのは本筋ではない。しかしここで大切なのは何をもって学力とするか，という視点である。学力低下論争でも数学における計算力の低下などは明快であり，わかりやすいが，生きる力となると見解が大きく分かれてこよう。学力のとらえ方が違えば，論争をしてもかみ合わないのは当然である。

　学力のとらえ方は言い方を変えれば，「生徒にどんな力をつけさせたいか」ということである。教科「情報」の教育内容で考えるならば，その授業，その単元を通して，コンピュータの操作技能の向上ができればいいのか，そうではなくもっと別のことをねらうのか，といったことである。そしてねらった力が身についたかどうかをペーパーテストや作品，レポート，学習カードなどによって測定する作業が評価である。評価は単に通知票の評定をつける作業ではなく，生徒たちが身につけた力を測定し，その次の学習や指導の改善に生かして

＊　岡部恒治，戸瀬信之ほか編著『分数ができない大学生』東洋経済新報社，1999．

いくべきものである。

教科の目標や内容は学習指導要領に記載されているが，それを読むと同時に教科「情報」の授業を通して生徒たちにどんな力をつけさせるのかをぜひじっくりと考えたいものである。

（2）コンピュータと教科「情報」の授業

教科「情報」の授業で生徒に身につけさせるべき力＝学力とは何だろうか。具体的に述べる前に，コンピュータと教科「情報」の授業について触れておこう。教科「情報」の授業で身につけさせるべき力ですぐに思いつくのが，コンピュータの操作に習熟することである。ここで注意しなければならないのは「情報教育」＝「コンピュータを使う」，「コンピュータの使い方を学ぶ」と誤解してしまうことである。情報教育ではコンピュータはもちろんさまざまな場面で使われるが，必ずしもコンピュータを必要としない。逆にコンピュータを使っていても，情報教育の意図する力が身につかなければ情報教育を行ったとは言えない。たとえば数学の授業の中でコンピュータによる図形のシミュレーションを活用し，授業をしたとする。これは図形について理解を深めるための教具としてコンピュータを用いているのであり，あくまで数学の授業である。この視点は実際に授業を設計していく上では大切である。

一方，情報教育は教科「情報」以外にあらゆる教育活動の中で行われていくものである。教科「情報」が高校段階の情報教育をすべて担うわけではないし，すべてをやろうとすると無理が生じてくる。同様の現象は中学校技術科の情報基礎領域においても見られた。中学校段階の情報教育を技術科の情報基礎の中で行い担っていくのだ，という方向で実践も行われた。その結果，ソフト操作など他教科でも使える技能を重視したために，技術科が他教科の下請的になってしまった。中学校現場へのコンピュータ導入という状況からは，過渡的には致し方なかった部分もあるが，本質的には本末転倒である。

コンピュータ操作の技能は，問題解決には重要であり，ある段階で習熟すべきことは確かであるが，それがつけるべき力の中心にはなり得ない。単に操作技能だけを習熟しても情報技術の日進月歩の変化の前にはあっという間に役に立たなくなってくる。たとえば1992年の情報基礎スタート時はまだフロッピ

ーディスクの使用が中心であり，フロッピーディスクを使えるようにformatなどのコマンドを打ち込む，といったことを教えていた。それから10年を経た現在，フロッピードライブすらもたないコンピュータが数多く出てきている。操作もマウスによるGUIで，コマンドを打ち込むことは通常ほとんどなくなってしまい，当時教えたことの多くは役に立たなくなってしまった。このように単なる操作技能だけのハウツー授業には限界がある。

（3）学習指導要領と情報教育

　高等学校での教科「情報」の目標（第1章第2節参照）にもとづき，「関心・意欲・態度」，「思考・判断」，「技能・表現」，「知識・理解」の4観点によって評価することとされている。

　学習指導要領は学力低下論争を受けて，学習指導要領は最低基準ということが明示された。これは言い換えるならば，少なくとも学習指導要領に示す内容は，すべての生徒に対して指導する必要があるが，各学校の特色や先生のアイデアで独自にふくらませてかまわない，ということでもある。

　一方，情報教育の目標としては第1章で述べたように「情報活用の実践力」「情報の科学的な理解」「情報社会に参画する態度」の3点が掲げられている*。この三つの能力と態度が情報教育で求められる学力と言っていいであろう。

　前述の教科「情報」の目標はあくまで1教科の目標であるのに対して，情報教育の目標は小中高を通じて，またさまざまな教育活動全体を通して検討されているために幅広くなっている。その上に立てば，教科「情報」は「情報活用の実践力」を深化・定着させるとともに「情報の科学的な理解」と「情報社会に参画する態度」を育成することにあると言える。

　次に中学校技術科で情報分野に取り組んできた技術教育の観点から，情報の授業でつけるべき学力を整理する。

---

*　文部科学省「情報教育の実践と学校の情報化～新『情報教育に関する手引』」2001.
　　http://www.mext.go.jp/a_menu/shotou/zyouhou/020706.htm

（4）技術教育の観点から

　普通教育としての技術教育は，中学校の技術科が事実上，日本での唯一の教科指導になっており，国際的には，「技術および労働の世界への手ほどき」とされている。そこで次代を担う主権者である生徒たちが「ハイテク社会の土台である現代の技術とそれにかかわる労働の本質的なものを認識し，それらを公正に評価できる力や技術や労働に対する適切なものの見方・考え方を育んでいくことが大切になる」。そして技術の授業を通してつけたい学力として「技術に関する科学的認識」，「技能」，「技術・労働観」の3点が掲げられている*。

「技術に関する科学的認識」

　科学技術というと理科の自然科学と技術が一緒になっているイメージがあるが，技術の発達過程で自然科学とは異なった技術の科学を生み，これを仲立ちにして自然科学との結合を強めた。ここでいう技術の科学とは，生産から廃棄までの全過程を見通したものである。情報技術にかかわっては，通信と制御の技術が中心である。

「技能」

　生産に関する技能の側面である。基本的な道具・機械の適切な使用方法，代表的な材料の取り扱いなどが含まれる。情報技術にかかわっては機器の操作やプログラムなどの作成技能といったものが含まれる。

「技術・労働観」

　技術に込められた人間の知恵の豊かさ，すばらしさを知ると同時に，その社会的性格を見極め，人間の労働の大切さ，価値を実感させるものである。これは情報技術においても同様である。

　この三つをバランス良く学ぶ中で，情報技術に限定すれば，現実の情報技術および労働の世界をわがものとさせることをねらっているのである。

（5）情報技術の教育

　以上に見たように技術教育と情報教育との学力では重なる点も多いが，大きな違いは，技術教育が生産，労働という視点を重視しているのに対して，情報

＊　河野義顕，大谷良光ほか編著『技術科の授業を創る』学文社，1999，pp. 299-300.

3. 情報技術を核としたカリキュラム，授業論

教育は「コンピュータ・リテラシー教育やメディア教育の概念を包含する」という成立過程からも，そういった視点が薄いことであろう。しかしながら中学校以上に実社会を意識すべき高校段階で，現実の情報技術および労働の世界をわがものとさせることは生徒の発達にとっても重要である。そういった意味でも教科「情報」のねらいに生産，労働という視点を加味していくべきであろう。

　ここでいう生産，労働という対象は単純にプログラマなど開発にかかわる人々のみを想定しているのではない。第2章で述べたように，情報技術は特に情報通信ネットワークの進展により生産現場，そして社会全体を大きく変えてきた。情報通信ネットワークにかかわるシステム，データベース，コンテンツといった分野なども視野に入れなければならない。情報通信ネットワークが普及し，便利になったと実感する以上に，製造，物流など一般的に情報技術を想定しにくい分野まで含め私たちの生活を大きく変えているのである。このよう

```
┌─────────────────────────────┐    ┌─────────────────────────────┐
│   情報教育でつける力         │    │   技術教育でつける力         │
│ 【学校全体で取り組む情報教育】│    │                              │
│ 情報活用の実践力を中心に     │    │ 技能                         │
│ 情報の科学的な理解および     │    │ 技術に関する科学的認識       │
│ 情報社会に参画する態度を養う │    │ 技術・労働観                 │
│         ↓                    │⇔   │         ↓                    │
│ 【教科「情報」の役割】       │相互 │ 【教科「情報」に求めたい力】 │
│ 情報活用の実践力を深化し，   │に関連│                              │
│ 情報の科学的な理解および     │    │ 技術に関する科学的認識       │
│ 情報社会に参画する態度を中心に│    │ 技術・労働観                 │
└─────────────────────────────┘    └─────────────────────────────┘
              ↓                                    ↓
┌─────────────────────────────────────────────────────────────────┐
│「技術と労働の世界との関連でとらえた情報教育」＝情報技術の教育のねらい│
│   情報活用の実践力の深化と情報の科学的な理解を柱に               │
│   情報社会に参画する態度に技術・労働観の視点を加える             │
│              ↓                                                    │
│       現実の情報技術および労働の世界をわがものとさせる           │
└─────────────────────────────────────────────────────────────────┘
```

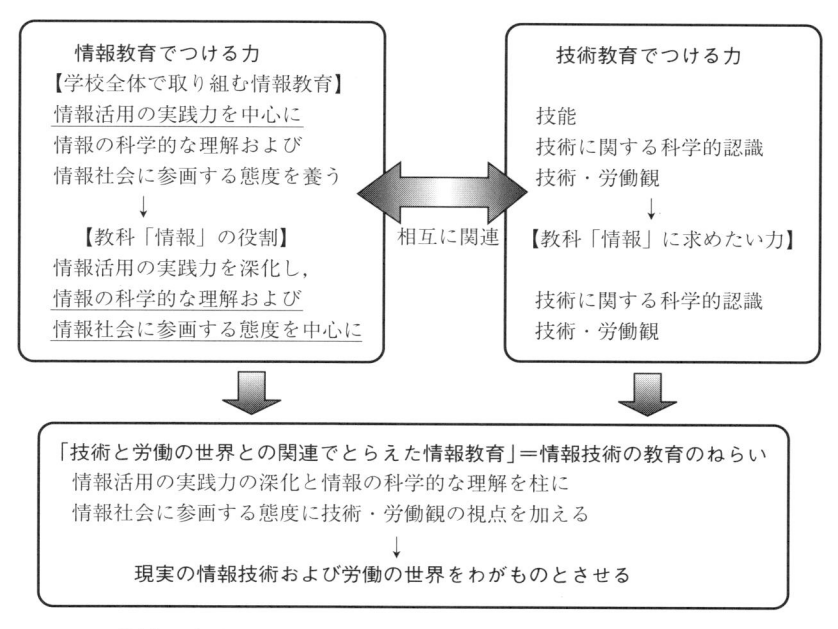

図3-1　「技術と労働の世界との関連でとらえた情報教育」＝情報技術の教育のねらい

に情報技術について広い視野をもたせ，それらに携わる人たちの姿を知ることが，情報技術によって大きく変化してきた今の社会を理解し，より良い社会を築き上げていく基礎となるであろう。

結論として学校教育全体での情報教育は「情報活用の実践力」育成をねらいながらも，教科「情報」では「技術と労働の世界との関連でとらえた情報教育」＝「情報技術の教育の視点」を大切にしていきたい。すなわち，「情報の科学的な理解」を柱に「情報社会に参画する態度」に情報技術の技術観・労働観の視点を加え，現実の情報技術および労働の世界をわがものとさせることをねらいとしたい（図3-1）。

2．情報技術の授業設計と評価

（1）授業設計の重点

授業をつくり上げていく上で重要なことは何であろうか。まず第1には授業を通して生徒たちに力をつけてあげることである。すなわち前節で検討した教科「情報」の授業でつけたい力を，設計した授業を通し生徒たちが身につけられるかどうかである。楽しいことも大切である。しかし根本は何といっても生徒たちに学力をつけることである。逆にその授業を通して生徒に学力をつけてあげられなければ，その授業が失敗であるということである。授業では生徒に学力をつける，ということは当たり前だと思うかもしれないが，実際に生徒たちの前に立てば，それは実はそう簡単でないことを実感するであろう。教材と格闘し，失敗を重ねる中で初めてしっかりした授業が生み出されてくる。そのためには教材や展開をさまざまに工夫し，発問を考え，授業の設計書である指導案を作っていかねばならない。多くの教育の先達者たちもそのために研究し，実践を積み重ねてきたのである。そうして生み出されてきた多くの財産に謙虚に学びながら，授業をつくり上げていくことが，学力をつけられる本当の授業の実現につながっていく。

授業を設計していく上で重要なことの第2は学ぶことの意味を実感できることである。終身雇用制が崩壊し，どこの学校を出たかという学歴ではなく，何を学んできたかという学習歴が問われるようになってきた現代。生涯学習とい

われるように，小中高という学校教育の中だけでなく，一生涯を通して学ぶ時代になってきた現代，学ぶ意味を実感できることは大変重要である。これはある意味，教育全体の大きな目標でもあろう。

学ぶことの意味を実感する前段階として学ぶ楽しさが実感できることが必要である。お笑い番組的な単なるおもしろさでなく，学ぶことが楽しいことだと思えるような，高度なおもしろさ，楽しさである。それには授業を通し，力がつき，"自分自身が成長した"という生徒自身の手応えが何より必要であることは言うまでもない。教科「情報」の授業を通し「現実の情報技術および労働の世界をわがものとさせる」ことができれば，情報技術を学ぶ意味が実感できるであろう。

今まで自分たちが受けてきた授業を振り返ってみよう。印象的な授業，心に残るような授業はあったであろうか。自分が成長できたな，と思えたような授業はあったであろうか。本書を手に取った方々がそうした授業をつくり出せることができ，あるいはつくり出そうと努力できればこれに勝る喜びはない。

（2）教材の役目と使い方

授業では授業者が伝えたいことを，教材を通して生徒が学びとっていく。教科「情報」の授業で考えるならば，教材の役目は，生徒たちがもっている情報技術に対する日常的な感覚やとらえ方を，その教材を通し現実の情報技術および労働の世界に近づけさせ，情報技術の学力をつけさせる媒介となることにある*。授業を組み立てる上で，特に実習が多数行われる教科「情報」の授業にとって教材には重要である。生徒たちの興味関心を引きつけたり，夢中になる，考えさせることができる，といった優れた教材を見つけなければならない。しかしそれと同等に大事なことは，その教材の使い方（展開の仕方）である。

ある教材が紹介された場合，必ずその背後に，授業者のねらい（どんな力をつけたいか）がある。それに沿って教材が展開されていく。その考えや展開の仕方を知ることで教材が授業で生きてくる。逆にある教材を，その紹介者の意図とは別な場面，別なねらい，展開で使用したら，大変効果的だったということも考えられるであろう。これを料理にたとえてみよう。料理（授業）にとっ

---

* 河野義顕，大谷良光ほか編著，前掲書，pp.312-313.

て，すばらしい食材（教材）を用いることは決定的に重要で，かなりの部分をカバーできる。しかし，それを生かす料理法（展開の仕方）によって，優れた食材が何倍にも生きてくる。逆に料理法によっては，食材の力不足も一定量は補える。教材とその展開の仕方は車の両輪のようなものである。第2部では，具体的な実践や授業展開が紹介される。ここでも教材の価値を知ると同時に，その意図，展開の仕方を学びとることが大切である。そしてこの過程が教材研究といわれるものであり，授業をつくり上げていく最も大きな柱となる。

（3）教材情報の収集

　優れた教材を用いるためにはまず教材情報をたくさん収集しなくてはいけない。もっている教材が豊富であればあるほど授業にも幅ができる。そこで情報技術の教材探しの第一歩としては実際の教科書や教科書の関連資料を一読することを勧める。研究者や実践者と教科書会社が鋭意編集したものであるから，学ぶべき価値は高い。教材と同時に実際の授業展開のイメージをもつことができよう。その上に立ち，さまざまな書籍やインターネットでの教材情報検索も有効である。中学校の技術科での教材や実践は参考になるであろうし，情報教育でも小学校段階からさまざまな実践や教材が蓄積されているので，探そうと思えばたくさん出てくる。

　たとえば以下のようなサイトが参考になる。

火曜の会「情報教育教材レシピ100選」
　http://kayoo.org/home/recipi_fr.html
火曜の会「情報機器と情報社会の仕組み素材集」
　http://kayoo.org/home/mext/joho-kiki/
ギジュツ・ドット・コム
　http://www.gijyutu.com/

　その中から授業のねらいに沿って取捨選択をしたり，教材情報をベースに工夫改善をしていくことになる。一定の授業経験あるいは実践者の助言がなければ，優れた教材を自分で開発することは難しい。研究の要点が，先行研究に数多くあたり検討することであるように，まずは教材情報を探してみることを大切にしたい。

3. 情報技術を核としたカリキュラム，授業論

演 習

問題 教科「情報」の目標から，自分で興味をもち，実際に授業で使えそうな教材およびその展開を二つあげて，具体的に紹介しなさい。

（4）授業での評価

　授業をつくり上げていく上でまず重要なことは，生徒たちに学力をつけることだ，ということは前述した。実際に授業を受けて学力がついたか，その授業のねらいが達成されたかどうかを測定する作業が評価である。同時に評価を次の指導に生かす，評価と指導の一体化が求められている。

　小中学校では，2000年学習指導要領において，従来の集団内での相対的な位置による相対評価中心から，目標に準拠したかどうかで見る絶対評価に変更された。評価方法はほかにもいくつかあるが，大きく分類すると表3-1のようになる。

　技術教育においては「技術の学力保障に向けて，従来，方向目標として表現

表3-1　主な評価方法の内容

評価方法	内　容
相対評価	ある一定の集団のなかの相対的な位置関係によって，ある個人の学力や能力を判断する[*1]
絶対評価	一定の基準に照らして個人内の変化発達を測定し，価値づける[*1]
到達度評価	最低限すべての子どもを到達させる教育の目標を具体的，実体的に示して，この基準に従って到達の程度を具体的に評価する評価方法[*1]
個人内評価	個人間差異ではなく個人内差異に着目した評価。すなわち相対評価や絶対評価は唯一の評価基準が定められ，だれもがその基準に従って評価されるのであるが，個人内評価では個人ごとに別々の評価基準が立てられ，それに添って評価される[*2]
自己評価	①狭義：生徒が，自分で自分の学業，行動，性格，態度等を評価し，それによって得た情報（知見）によって自分を確認し，自分の今後の学習や行動を改善・調整するという，この一連の行動（橋本重治）。②広義：生徒が自らの人となりや学習状態や態度などを反省してみること（島津一夫）[*2]

[*1] 平原春好，寺崎昌男ほか編『新版　教育小事典』（第2版），学陽書房，2002．
[*2] 安彦忠彦，新井郁男ほか編『新版　現代学校教育大事典』ぎょうせい，2002．

されてきた教育目標＝内容を，到達目標へ設定し直し，到達目標＝到達度評価を，よりよい技術教育を実現するための教授・学習過程の環の中に組み込んでいくことが求められる」としている。教科「情報」の授業でも到達度評価を用いながら，併せて生徒自身が自分を振り返り評価する自己評価を行うことで，できた喜び，成長した喜びを生徒に感じとらせることが求められる。

（5）到達目標の設定

　授業で評価を行う場合，到達目標の設定を行わなければならない。その際に目標を達成したかどうかを具体的に判定する評価基準が必要になってくる。同時にその基準を達成できたかどうかを調べる評価方法がなくてはならない。

　たとえば，制御プログラムの作成場面を想定する。例題に沿って模型車を制御し，コースを走らせる場面である。

- 指定されたとおりに模型車の左右のモータを制御するプログラムを作ることができる。
- アルゴリズムを工夫し，より短くわかりやすいプログラムを作ることができる。

というのが全体の到達目標になる。これはテキストやワークシートへの記入や学習行動の観察によって達成が評価できる。さらに実技テストやペーパーテストでプログラムの作成の技能と知識が身についたかどうかの判定もできよう。しかし取組みや思考，判断などにかかわる部分になると客観的な判定が難しい。忘れ物や発言なども資料とはなるが，加えて生徒自身による自己評価なども工夫したい。ここで注意することは，自己評価で単に「授業に意欲的に取り組めた・取り組めなかった」とするだけでなく，生徒自身が自分の力を知り，判断できるように具体的な基準や目標を明確にし，診断的に自己評価できることが必要である。

　さらに最終的な評価については，学習指導要領では「関心・意欲・態度」「思考・判断」「技能・表現」「知識・理解」の4観点が求められている。これら4観点も考慮しつつ，各授業で具体的な到達目標を検討していく必要がある。

（6）学習指導案の書き方

　学習指導案はひと言で言えば授業の設計図である。学習指導案を見ればその授業がイメージできるものでなければならない。学習指導案の記述にはさまざまな例があるが、ここでは具体的授業場面をもとに学習指導案の書き方の一例を提示する（表3-2）。

　■ 授業場面と教材

　情報社会を支える情報技術について授業してみる。学習指導要領の「ア　情報通信と計測・制御の技術。情報通信と計測・制御の仕組み及び社会におけるそれらの技術の活用について理解させる」部分を授業化してみる。

　計測制御の身近な例として信号機をはじめとする交通管理システムを取り上げる。しかしそのまま説明をしても生徒たちは実感がもてない。そこで具体的な実習や実験を通して学習できる授業を展開する必要がある。

　ここでは簡易言語によってプログラムし、信号機のシミュレーションをしてみる。この実習自体は中学校段階でも可能であるが、加えて現実の交通管理システムについても理解を深められるように資料を用意する。この簡易言語は第4章でも紹介される、自動化簡易言語「オートマ君」である[*1]。簡易な操作でプログラムが可能であり、交差点の信号機シミュレーション機能が標準で搭載されている（図3-2）。

　■ 授業のねらい

　学習指導案の最初に、その授業のねらいを記述する。この授業の最終的な目標は現実の社会の制御システムについて理解を深めることにあるが、それだけではねらいにならない。どのような学習をさせることでそのねらいを達成するのか、どこまで具体的にできるようにするか、という記述がなされなければならない。単に「～に関心をもたせる」「～についての態度を養う」といった"どこまで"ということが限定されていない、方向を指し示すだけの方向目標でなく、最低限ここまで、という到達点、到達目標を具体的に示す必要がある[*2]。

[*1]　自動化簡易言語「オートマ君」http://www.gijyutu.com/g-soft/automa/index.htm
　　　詳しくは第5章第1節「自動化から始めるコンピュータ学習」を参照。
[*2]　河野義顕、大谷良光ほか編著、前掲書、pp. 324-325.

表3-2 授業「交差点のプログラム開発をしよう」の授業案例

（1）本時の目標　※その時間のねらいを具体的に記述する

　オートマ君を用いて交差点の信号機制御プログラムを開発することを通し，アルゴリズムを工夫し，目的のプログラムが制作でき，現実の信号機制御や高速道路などの交通管理システムの概要と重要性を理解できる。

（2）指導上の留意点　※指導上注意すべき点を列記する
- プログラムが正確に作れるように，交差点の動作映像を提示する
- プログラムはできる限り無駄なく，効率的にできるよう工夫させる
- 実際の交差点の信号機の制御の様子や，交通管理システムの実際を資料やインターネットを利用し知らせる
　　例：http://www.utms.or.jp/japanese/index.html　社団法人新交通管理システム協会

（3）展開　※授業のイメージを描きながら，具体的に流れを記述していく。

段　階	学習活動と予想される生徒の活動	指導，支援の留意点
導入 5分	「交差点の信号機をプログラムしよう」 ● 自動化簡易言語「オートマ君」によるプログラム方法を知る	● 簡易言語「オートマ君」でプログラムした交差点のシミュレーションを提示する ● プログラミング方法や操作方法を説明する ● 各命令と各信号機の対応を確認させる
展開 35分	「実際の信号機の動作を分析しよう」 ● 信号機の動作を確認し，プログラムを設計する ● 同時に赤になるとは気がつかなかった 「設計をもとにプログラミングしてみよう」 ● 事故が起きてしまった。二つの間隔がうまく合わないなぁ ● うまく作ってあるなぁ。私のより短い ● 自分のプログラムを直してみよう	● 交差点の信号機を撮影したビデオを元にどんな動作をしているかワークシートに記入させる ● すべて同時に赤になる時間があることを確認する ● 机間巡視しながら，個別に支援していく ● できあがった生徒にもプログラムを見直させ，なるべく短く作れるように改良させる ● 完成したプログラムをワークシートに記録させる ● 進行状況を見ながら，うまくできた生徒のプログラムを提示する
まとめ 10分	「実際の信号機の制御や交通管理システムについて調べよう」 ● 道路の裏側ではこんなシステムが動いていたとは	● 信号機の制御システムや高速道路の交通管理システムの資料を提示し，説明する ● 資料のサイトを閲覧させ，ワークシートにまとめさせる

評価の観点
- 信号の動作を分析し，信号機のプログラムが適切に作成できる（情報活用の実践力）
- 交通管制システムの概要について理解できる（情報の科学的な理解）
- プログラムや交通管理システムの重要性について理解できる（情報社会に参画する態度・情報技術の技術観・労働観）

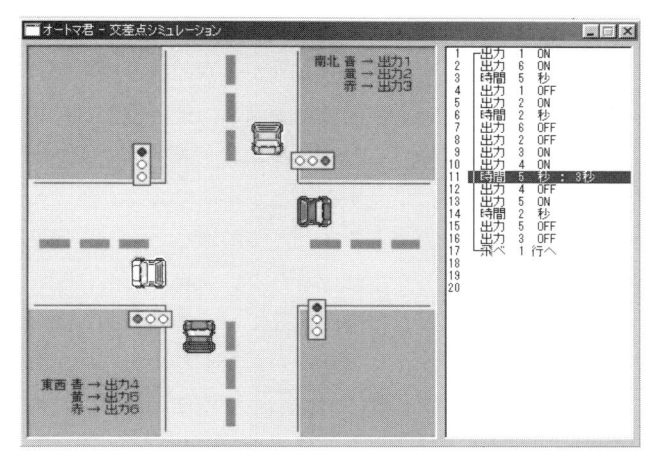

3. 情報技術を核としたカリキュラム，授業論

図3-2　交差点シミュレーション

　信号機のシミュレーション実習の場合は，
　「オートマ君を用いて交差点の信号機制御プログラムを開発することを通し，アルゴリズムを工夫し，目的のプログラムが制作でき，現実の信号機制御や高速道路などの交通管理システムの概要と重要性を理解できる」。
というように「○○を通して～を理解する，できる」という形である。最終的に技能として何ができる，知識として何を理解できる，思考として何が考えられる，というように到達目標を明確にしておくことが重要である。

■ 指導上の留意点

　あらかじめ予備実験，予備実習をしておき，生徒がつまずきそうなところ，全体に注意させなければいけないことなどを確認しておく。特に安全や人権にかかわることなどは事前に問題がないか検討しておかなければならない。本例の場合，プログラムで生徒がつまずきそうなポイントを検討し，つかんでおくと指導を深めることができる。

■ 本時の流れの記述

　具体的な授業の流れを記述する。授業の流れは通常大別すると「導入」「展開」「まとめ」になる。さらに各段階での授業の流れを記述していく必要がある。特に重要なのが教師からの問いかけ，発問である。明確で的確な発問が要

求される。信号機のシミュレーション実習の場合,「プログラムをしてみよう」と最初に細かい操作方法を説明するよりも「交差点の信号機をプログラムしよう」と発問し,シミュレーション画面で車が動き,信号機が動作する画面を提示した方が興味・関心を引きつけられる。授業は最初の3分間が大事であると言われる。導入を十分検討し,工夫することが重要である。

展開は授業の中核となるものである。ここで展開を工夫し,授業のねらいに生徒たちが到達できるようにしなければならない。場面ごとに配慮すべきことや指導すること,評価することなどを記述していく必要がある。

まとめにおいて,学習内容を振り返りながら,本時のねらいに到達させなければならない。優れた授業であれば,展開の中で授業のねらいにあたる内容を生徒自身が実感し,まとめではそれを再確認する,という形が望ましい。本例の場合,信号機のプログラム作成体験をもとに,交通管理システムの資料を提示し,現実の社会の中でどのように交通管理システムが動いているかを知らせ,その重要性を理解させることがまとめに該当する。

以上のような流れで学習指導案を記述する。

学習指導案を立てる段階で,さまざまな観点から検討したつもりでも,実際に授業してみると予想外のことや,展開の流れではうまくいかないことも多い。そのためにも,立てた指導案をもとに実際に模擬授業をしてみることを勧める。より視野が広がり,実践的な学習指導案が作れるようになってくる。

演 習

問題1 「バーコードを分析しよう」をテーマに,さまざまな商品につけられているバーコードを実際に調べたり,そこに記述されている情報や規格について学ぶ1時間の授業のねらいと展開,評価の観点を考え,指導案を作成しなさい。

3. 情報技術のカリキュラム

(1) 情報技術の授業を学んだ人は少ない

前節では,「情報活用の実践力」は学校教育全体での情報教育で目指し,教科「情報」では「技術と労働の世界との関連でとらえた情報教育」,すなわち

情報技術の教育という視点を大切にすることを述べた。そして，情報技術の教育内容を組織するための視点としては，「情報の科学的な理解」を柱にし，「情報社会に参画する態度」に情報技術の技術観・労働観の視点を加えて発展させることも述べてきた。本節では，まず教育実践の現状を確認し，そののちに，社会の中の情報技術に照らして先進的授業実践の位置づけを述べることによって，情報技術のカリキュラムの骨子を提案したい。

　まず教育実践の現状を確認しておく。「情報A」および「情報C」の内容の多くが小学校や中学校に移行中であることを，第1章第3節にて述べた。そして，2003年度の普通教科「情報」の教科書として「情報A」が多くの高等学校で採択されている現状がある。したがって，「情報B」を学んでいる人は少なく，情報の科学的な理解についての学習も薄いということになる。また，2002年4月から実施されている中学校技術科の「情報とコンピュータ」においても同様に情報の科学的な理解の内容は少ない。学習指導要領によれば同単元の内容は，コンピュータおよびネットワークの操作体験とソフトウェア活用法が中心になっている。具体的に内容構成を見ていくと，「①生活や産業の中で情報手段の果たしている役割，②コンピュータの基本的な構成と機能，③コンピュータの利用，④情報通信ネットワーク，⑤マルチメディアの活用，⑥プログラムと計測・制御」の六つの内容構成になっており，このうちの①～④の内容が必修，⑤，⑥の内容は選択扱いになっている。このうちの必修扱いとなっている内容について，教科書での扱いを具体的に見ていくと次のようになっている。①に対応する内容としては，生活の中のコンピュータ活用事例紹介やコンピュータ活用のモラルや情報化の功と罪，②に対応する内容としては，コンピュータ及び周辺機器の操作法，③に対応する内容としては，図形や文書ソフトウェアの操作法，④に対応する内容としては，インターネットやメールの利用，が取り上げられている。したがって，中学校卒業段階において多くの生徒たちは，情報技術や情報の科学的な理解について学んでいないことになる。

（2）先進的授業から学ぶ情報技術のカリキュラムの鍵

　現代の技術および労働の世界に関連する情報教育に取り組んでいる中学校および高等学校の実践例は数少ない。しかし，情報の科学的理解や情報技術に取

り組んでいる教育実践は数少ないが存在している。教育実践の詳細については，第2部を参照してもらうことにして，ここでは，それら先進的授業に見られるカリキュラムの考え方を紹介したい。

先進的授業が見る情報技術の世界は，産業のシステム化をもたらし，働く人々のコミュニケーションや問題解決の方法を変化させ，現代型の分業と協業によるものづくりを支えている，という現実世界である。そうした情報技術のとらえ方に従えば，先進的授業を整理すると，「通信・ネットワーク」の系，「制御・ネットワーク」の系，「チームワークを支える情報技術」の系，の三本柱に整理できる。ちなみに，先進的授業のなかには，中学校技術科の枠組みではあるが，カリキュラムそのものを概念図として図3-3のように表現している*。

「通信・ネットワーク」の系のカリキュラムは，通信技術の発展によって働く世界の仕事の広がりに注目し，それを成り立たせてきた，アナログ通信技術，電話交換機網からコンピュータネットワークの仕組みと社会的役割を学ばせることを目指している。そうしたカリキュラムを発展させる授業として，インタ

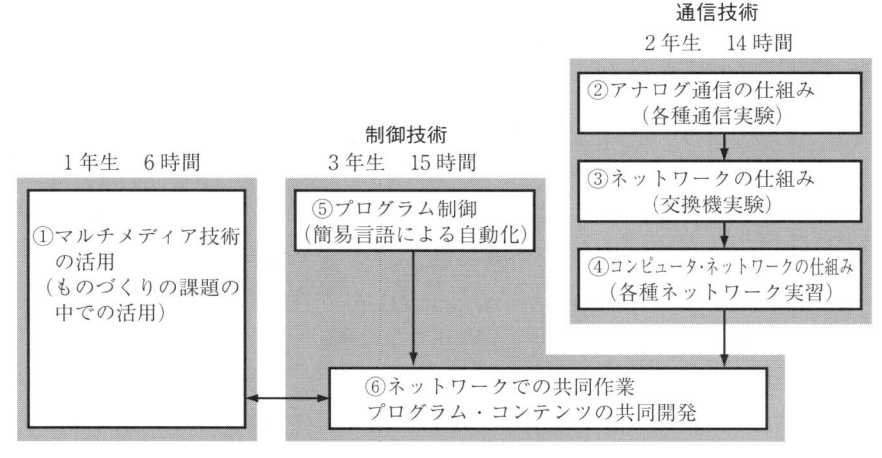

図3-3　通信・制御・ネットワークのカリキュラム関連の概念図

---

*　村松浩幸，坂口謙一ほか「ものづくりの視点で考える通信技術の学習——アナログ通信，電話交換機からコンピュータネットワークへの展開——」，『日本教育工学会第18回大会講演論文集』2002, pp.517-518.

3. 情報技術を核としたカリキュラム，授業論

ーネットの仕組みをわからせるためにルータの機能を取り上げた授業，ディジタル化の意義と可能性をわからせるために，その仕組みを取り上げた授業をあげる。これらの授業は，「情報B」の「コンピュータの仕組みと働き」や「情報社会を支える情報技術」の中核的内容として展開できると考える。

「制御・ネットワーク」の系のカリキュラムは，コンピュータで制御された個々の機械どうしがネットワークを通して結びつき，生産システムの発展を加速化させ，設計の現場と生産の現場がネットワーク化され，さらに販売や流通の現場とのネットワークが結合して，社会のニーズに柔軟に対応した多品種変量生産のシステムとなっていることをとらえさせるために，自動化のプログラムの意義・役割に注目している。このカリキュラムを発展させる授業としては，コンピュータネットワーク下でプログラムの共同開発を擬似体験する授業，身のまわりにワンチップ化されているコンピュータ制御を通してその社会的意義に接近させる授業，情報技術にかかわっている人の世界を思い描かせ情報技術やそれにかかわる人たちの社会的役割を考えさせる授業がある。これらの授業は，「情報B」の「コンピュータの仕組みと働き」や「情報社会を支える情報技術」の中核的内容として展開できると考える。

「チームワークを支える情報技術」の系の授業は，働く人々の共同化に果たしている情報技術の役割を考えさせるねらいをもっている。ものづくりの課題に対する知識の有用性は生徒に見えやすく，そうした経験知の共有化に果たしている情報技術の役割を認識させるために知識の共有化を追体験をさせる授業は，「情報B」の内容項目である「情報の蓄積・管理とデータベースの活用」に当てはまるものである。また，情報技術を活用する上でその危険性を気づかせる授業，情報技術の発展によって企業内の人々の結びつき方が変化したことを実感させ，近未来の企業組織を考えさせる授業は，「情報B」のうちの「情報技術の進展が社会に及ぼす影響」といった内容項目に当てはまるものである。

これら先進的授業を手がかりに，情報活用の実践力を深化し，情報の科学的な理解を柱とした情報技術および情報技術の技術観・労働観を育成するカリキュラムの充実が重要な課題となっている。

第2部
情報技術の授業実践

　第2部では，さまざまな教育機会に点在している情報技術の教育実践例を，「通信・ネットワークの授業実践例」（第4章），「制御・ネットワークの授業実践例」（第5章），「チームワークを支える情報技術の授業実践例」（第6章）に整理して紹介する。

4 通信・ネットワークの授業実践例

　コンピュータネットワークの仕組みと社会的役割を学ばせることは，「情報B」の「コンピュータの仕組みと働き」や「情報社会を支える情報技術」の中核的内容になると考えられる。ここでは，アナログ通信技術，電話交換網からコンピュータネットワークまでの通信技術の基礎として「情報の信号化」と「信号の効率的伝送」の二つの技術科学の基礎を重視し取り上げた。そのカリキュラムを表4-1に示す。

1．ためしてわかる通信とネットワーク

　本実践は，中学2年生を対象に電話からインターネットまでの仕組みを理解できることを目指している。毎時間，スピーカ，アンプ，フリーソフトなどを使った簡単な実験・実習を試しながら行い，楽しく学ぶことができる。中学生向けではあるが，「情報B」の「情報通信技術の仕組みを知ろう」に対応している。

実 践 例 1　スピーカで電話しよう

■ねらい
「スピーカとスピーカをつなげて通信実験ができることがわかる」
　携帯電話等の通信技術が発達した世の中だが，生徒にとっては受話器の向こうはブラックボックスである。そこでスピーカをただ単に電線で接続しただけで通信ができる実験によって，通信の世界への導入とする。

■授業の流れと学習者のようす
　まず，ものづくりが地球規模で展開されていることへの情報技術の貢献や身

表4-1 「通信とネットワーク」のカリキュラム

時	目標	態	工	技	知	キーワード	教材・教具
①	スピーカとスピーカをつなげて通信実験を意欲的に行おうとする	○				◆電気信号 ◇音・声 ◇波形 ◇電気	・紙コップスピーカ ・電源ドラム ・テスタなど
②	実験を通して電気信号が声を伝えていることを体感できる	○					
③	コンピュータを使って電気信号を編集し，さまざまな音を作り出すことができる		○	○			・紙コップスピーカ ・ソフト「スペアナ」 ・ソフト「サウンドレコーダー」 ・ソフト「Hz」
④	電気信号の波形と音の関係がわかる				○		
⑤	さまざまな材料を用いて手作りスピーカをつくることができる		○	○		◆スピーカ ◇電気信号 ◇音 ◇振動	・使い捨てプラコップ ・黒板用磁石 ・0.3φエナメル線 ・ラジカセ
⑥	スピーカが電気信号を音に変換する仕組みがわかる				○		
⑦	増幅の働きを，波形の違いで説明できる				○	◆増幅 ◇電気信号 ◇アンプ ◇入力出力	・アンプ ・紙コップスピーカ ・電流計 ・オシロスコープ
⑧	光を使った通信実験を通して，光の変化で信号を伝えられることがわかる				○	◆光通信 ◇光ファイバ ◇光信号	・太陽電池　・アンプ ・ラジカセ ・光ファイバ ・レーザポインタ他
⑨	交換機を使うことで2台の電話機の間の回線をつなげられることがわかる			○		◆電話 ◇交換機 ◇電話番号 ◇電気信号	・「となりのトトロ」一場面 ・交換機とインターホン ・電信柱と電話線 ・教室内電話帳
⑩	交換機同士を接続したときの電話の回線のつなぎ方を考えることができる ○交換機の実習を意欲的に行おうとする ○電話交換機網の働きを表象できる	○		○			
⑪	『見てネット』を使い，ネットワークに慣れ，匿名性の危険を知る				○	◆ネットワークの問題点 ◇匿名性 ◇危険性 ◇信頼性	・ソフト「見てネット」 ・ブラウザ ・提出用プリント ・通信やネットワークに関するリンク集
⑫	匿名での文字による会話を通して，インターネット社会の問題点を考えることができる	○					
⑬	各コンピュータに固有の番号(IP)があることがわかる				○	◆ネットワーク ◇コンピュータ ◇信号 ◇番号（IP） ◇ルータ ◇インターネット	
⑭	電話網とインターネットを比較することができる			○			
⑮	架空の会社のURLやメールアドレス，商品やデータの流れを考えることができる						

4. 通信・ネットワークの授業実践例

図4-1　スピーカ電話

のまわりの通信手段について具体例をもとに考えさせる。それは，通信の世界を大きく想像させ，これから行う学習について一人ひとりに意識をもたせたいためである。

次に，図4-1のような使い捨てのプラスチックコップでスピーカの周りに覆いをつけたものを1班に二つ以上，できれば一人一つ配る。生徒は，最初はおそるおそるスピーカとスピーカをつないで実験を行うのであるが，すぐにこちらの指示なく自然とつなぎ合う。

さらにスピーカを2個だけでなく，3個，4個と増やして実験する。どんなつなぎ方をしても聞こえてくるので，生徒の内緒話があちらこちらで行われている。電動ドラムコードを用意して30 mの実験をするのもおもしろい。なぜかスピーカ同士をつなぐより，ドラムコードを間に入れる方がよく聞こえる。

まとめとして，スピーカ電話の特徴を考える。同時に糸電話の特徴も考える。糸電話はクラスで1セット用意して演示実験を行えばよい。これは，スピーカ電話だけで音が伝わる仕組みを考えたときに，「振動」と答える生徒があまりにも多いので，生徒の頭の中を整理するためにもぜひ用意したいものである。

実践例2　スピーカで発電しよう

■ねらい

「実体験を通して電気信号が声を伝えていることを体感できる」

「スピーカで発電！？」「電池でスピーカを鳴らしてみよう」という二つの実験を行うことで，電気信号によって通信が行われていることを理解する。

■授業の流れと学習者のようす

「スピーカで発電！？」では，スピーカが音を電流に変換していることを確認する。図4-2のように接続された交流電流計の一番微弱なレンジである数mAの端子に，スピーカを接続し実験をする。交流電流計がなければ，図4-3

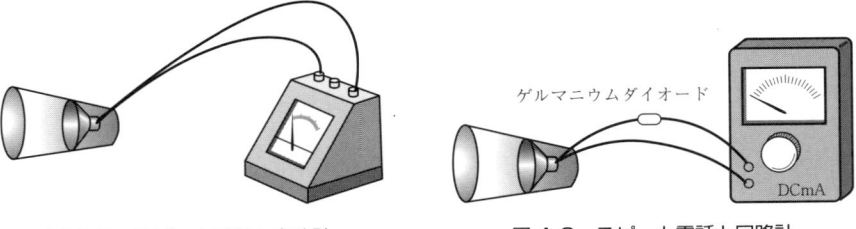

図4-2 スピーカ電話と交流計

図4-3 スピーカ電話と回路計

ゲルマニウムダイオード

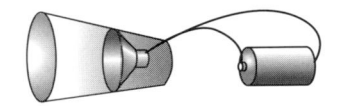

図4-4 スピーカ電話と電池

のように回路計のDCmAレンジの一番微弱なレンジにあわせて，ゲルマニウムダイオードを挟むことで指針を振らすことができる。

やり方は簡単で，紙コップの中に口を入れ，短く，一気に大きな声で叫ぶと指針が振れる。まずはそれを班内で交代に実験を行い，競い合う。最後に「班の中で最高は誰」と聞いていくと，こちらが驚くような記録をたたき出している。たいていその生徒は声を潰しているのだが。スピーカが電気を発電していると実感できる実験である。

「電池でスピーカを鳴らしてみよう」では，図4-4のようにスピーカの端子を電池の両極を擦り合わせると音がなり，電気によってスピーカが鳴ることを確認する。

音も「ポツポツポツ」という程度のちょっとした実験であるが，生徒にとって電池でスピーカから音が出てくることが新鮮で，楽しんで鳴らしている。

以上二つの実験により，スピーカ同士が「電気信号」によって音を伝えることを確認できる。同時に，糸電話は「振動」で音を伝えていることを確認することによって，二つの音の伝え方の違いが明確になり，生徒の意識の中に「電気信号」がはっきりとする。

4. 通信・ネットワークの授業実践例

実 践 例 3　コンピュータで電気信号を観察しよう

■ ねらい

「コンピュータを使って電気信号を編集し，さまざまな音を作り出すことができる」「電気信号と波形の関係がわかる」

　三つのコンピュータソフトを使って，電気信号と波形の関係を調べる。オシロスコープを使った授業に比べて，一人ひとりが波形をじっくりと観察することができる。

■ 授業の流れと学習者のようす

　一つ目のソフトは「SPEANA」（図4-5，作者：野口博司氏）である。音声の周波数分析をリアルタイムに行い，グラフ表示ができるソフトである。生徒は，コンピュータのマイクに向かって声を発すると，かなり精密な音声波形を見ることができる。大きな声，小さな声，高い音，低い音や「い」と「う」の波形の違いを観察することができる。

　二つ目のソフトは「サウンドレコーダー」（Microsoft Windowsに付属）である。このソフトは，音声をコンピュータに取り込み，ディジタル加工することで音声が電気信号に変わることを感覚的につかみ，ディジタル加工の便利さを知ることができる。エコーをかけたり，再生速度を変更したり，逆転再生な

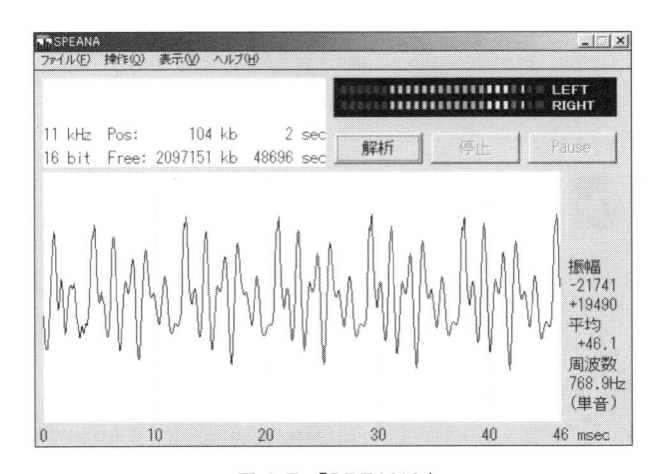

図4-5 「SPEANA」

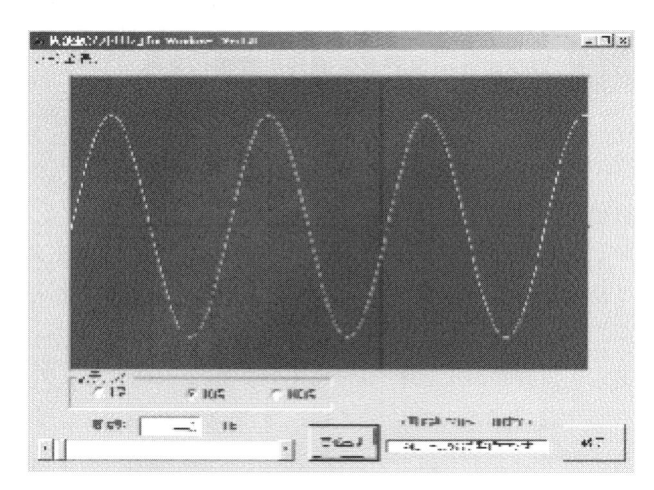

図4-6 「Hz」

どの加工ができおもしろい。情報通信ネットワークにつながっているなら共有フォルダに保存し，互いに聞き合うと生徒は喜んで自分の声を録音する。

　三つ目のソフトは「Hz」（図4-6，作者：村松浩幸氏，川俣純氏）である。これは周波数ソフトウェアで，自由にさまざまな高さの音を発生させることができる。授業では，何Hzまで聞くことができるかに挑戦したり，ドレミの音階を作り，当てあったりする。

　これらのソフトを利用することで，楽しくゲーム感覚で授業をしながらねらいを達成することができる。

実践例4　仕組みは簡単「手作りスピーカを鳴らそう」

■ねらい

「さまざまな材料を用いて手作りスピーカを作ることができる」

　紙コップ，エナメル線，黒板用磁石，セロハンテープ，これだけの材料を図4-7の順で組み立てると最も簡単なスピーカを作ることができる。身近な材料で手作りスピーカを作り，鳴らすことによって，電気信号が音に変わる世界を体感することができる。

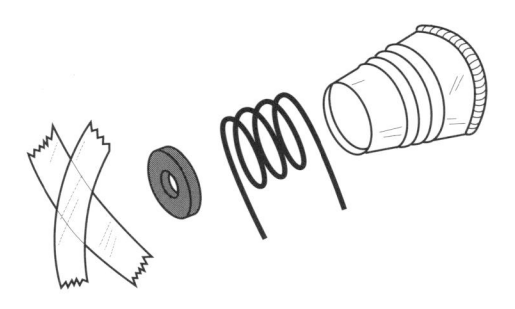

4. 通信・ネットワークの授業実践例　　　　　　　　　　　　　　　　　　　　　　*61*

図4-7　手作りスピーカ

■ 授業の流れと学習者のようす

　手作りスピーカの基本的な材料は上の四つである。ほかに，エナメル線はビニール被覆を剥ぐために紙ヤスリが必要である。

　エナメル線の両端の被覆を紙ヤスリで1cmくらい削り落とし，電池などの型に当て7回以上巻く。それを図のように組み合わせ，セロハンテープで留める。手作りスピーカのエナメル線の両端を，ラジカセのイヤホン端子から引っ張ったみの虫クリップを接続するとかすかであるがラジカセの音が聞こえてくる。カセットに録音されている曲目を教えずに始めると，生徒は一生懸命聞こうとする。生徒が好きな流行のポップスやロックを入れておくと子どもたちのノリもよい。ラジオでも良いのだが，ラジオはチューニングの手間が増え，時間がかかるのでカセットをお勧めする。

　イヤホン端子には保護がかかっており音は小さいので，大きくするにはラジカセを改造するか，手作りスピーカを改造するかの二通りがある。ラジカセの改造は，ラジカセのスピーカ部から直接出力を取り出す方法である。手作りスピーカは，コイルの巻数を多くしたり，磁石をいくつもつけて磁力を多くすると音が大きくなる。

　また，「紙コップをバケツ，下敷きなどに変更したスピーカは鳴るか」などとクイズ形式でやるのもおもしろい。バケツ，下敷き両方共に音が聞こえてくるし，そのほかには一斗缶やたらい，机の天盤に貼り付けても鳴る。

実践例5 なるほどなっとくスピーカの原理

■ ねらい

「スピーカが電気信号を音に変換する原理がわかる」

ここまでに，スピーカが音を電気信号に，電気信号を音に変換するという事実だけを学んできた。今回は「コイルの働きを調べよう」「ラジカセにモータを接続しよう」という二つの実験を通して，スピーカがどのように電気信号を音に変換しているか，その原理を学ぶ。注意する点は，理科であまり電気分野を扱わなくなったことから，生徒の多くは，電気に関する知識が乏しいことである。

■ 授業の流れと学習者のようす

「コイルの働きを調べよう」では，コイルに電気を流すと何になるかをまず確認をする。基礎知識は乏しいものの小学校で電磁石の実験をしたことがある者から答えは出る。

次にコイルに電池の向きだけが違う図4-8を用意する。電池の向きが変わると，電磁石の極性が変わることを確認する。生徒がフレミングの左手の法則などを知っていれば，一緒に考えるのもよい。

「ラジカセにモータを接続しよう」では，音声電流が交流であることを確認する。普通直流モータは，電池をつけると回転するが，前時に使ったようなラジカセの端子からモータへ接続すると，モータの軸は回転せずに振動するだけである。これは音声が直流のような一方向の流れではなく，交流のように時間

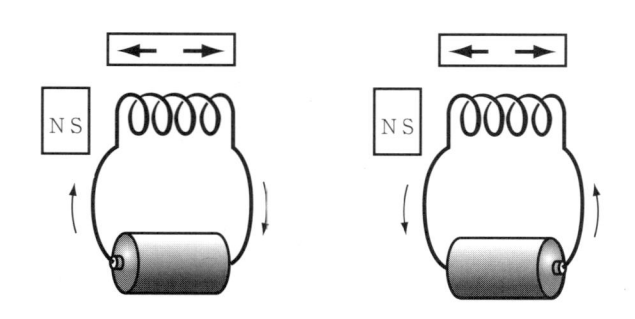

図4-8　スピーカの原理

4. 通信・ネットワークの授業実践例

と共に電流の流れが変化するからである。
　以上二つの実験により，紙コップと磁石に挟まれたコイルは，音声の電気信号によってその間で振動し，音が伝えられることがわかる。生徒にとっては明らかに目に見える実験ではないので，ゆっくりと理解させる必要がある。
　途中，ラジカセとモータを接続したときに，紙コップなどコーン紙の代わりになるものをモータに触れさせると音が聞こえてくる。生徒はなぜモータから音が聞こえてくるのかと驚きながら聴いている。

実践例6　ヒソヒソ話も大声に「アンプで増幅」

■ ねらい
「増幅器のはたらきを波形の違いで説明できる」
　増幅器を用いた通信実験を行うことによって，信号の振幅を大きくするという増幅器の働きを理解させる。

■ 授業の流れと学習者のようす
　図4-9のようにスピーカとスピーカの間に増幅器（アンプ）を入れただけの実験だが，中学生は意外と盛り上がる。最初は今までの実験のようにあまり大きな音は出ないだろうと思っている生徒も多く，耳をスピーカに近づけ，音が出てびっくりする。自由に通信実験をさせる中で，増幅器を用いることによって通信を行う上で実用的なものとなったことを，体感させる。そして，出力側のスピーカに話しかけても何も変化しないことから，入力と出力の関係についても自然に理解することができる。また，入力側と出力側での電流の量の違いを測定させ，音量の変化を数値で確認させる。

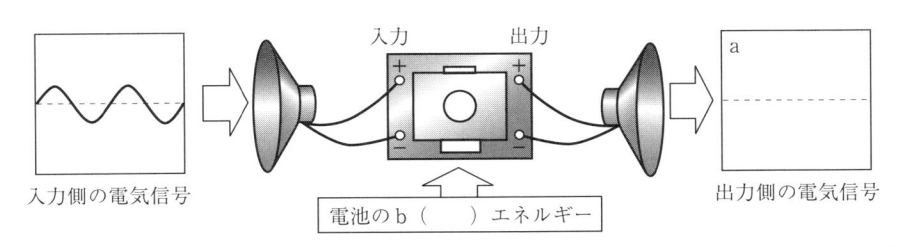

入力側の電気信号　　　　入力　　出力　　　　出力側の電気信号
　　　　　　　　電池のb（　　）エネルギー

図4-9　増幅器

この授業のまとめとして，図4-9のワークシートに記入をさせる。電気信号がどのように変化しているのかを考えさせ，波形の違いを記入させる。波の数を変えずに，上下に引き延ばした波形が記入できれば，増幅とは何かについて理解できているといえるだろう。

　時間があれば，わざとハウリングさせ，どのような状況で起こるか観察させるとおもしろい。ボリュームの大きさ，スピーカとスピーカの向きや距離などによって音が大きく変化する。なぜ，ハウリングが起きるのかを考えさせることによって，増幅器のはたらきがより鮮明にわかるだろう。

実践例 7　体験！　光通信

■ねらい
「光を使った通信実験を通して，光の変化で信号を伝えられることがわかる」
　現代の通信には欠かせない技術である光通信の仕組みを，簡単な実験を通して理解させる。

■授業の流れと学習者のようす
　ラジカセのイヤホン端子から出ている信号で豆電球を点灯させる（イヤホン端子の信号で観察しにくい場合は，スピーカに出ている信号を直接取り出すとよい）。音の強弱に合わせて点灯する様子が観察できる。この光を，太陽電池で拾い，出力を増幅器につなぐと，出力側のスピーカから音が聞こえる（教室の照明は消して実験する）。しかし，かなり音が歪む。そこで，図4-10のようにバイアスをかけるとクリアな音が聞こえてくる。電気信号が光信号に，そして光信号が電気信号に変化して通信ができることが体感できる。受信側を利用して，図4-11のように各種のリモコンの信号を音として聴いてみるのもおもしろい。ピッピッピ，ピューンピューンなどゲームセンターのような音が教室中を飛び交う。見えなくても，リモコンが光で通信していることが確認できる。最後に，図4-12のように，豆電球を発光ダイオードに，太陽電池をフォトトランジスタに代え，光ファイバ通信を行う。光ファイバは通信用のものでなく，電飾用などに使われるプラスチック製のものでよい。

　このような簡単な実験で，身近なリモコンから，現代の通信にはなくてはな

4. 通信・ネットワークの授業実践例

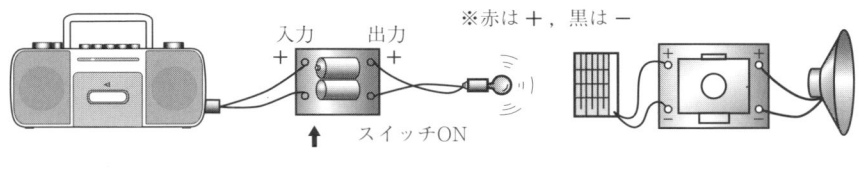

図4-10　光通信

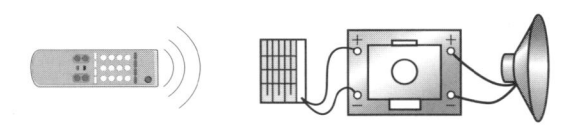

図4-11　リモコン実験

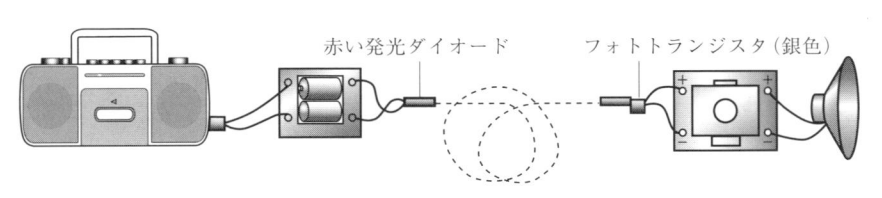

図4-12　光ファイバ通信

らない光ファイバ通信まで，その原理を楽しみながら理解することができる。

実践例 8　電話のつながる仕組みを考えよう

■ ねらい

「交換機を使うことにより，2台の電話機の間の回線をつなげることができることがわかる」

交換機を用いて，多数の線の中から特定の線を選び出し回線をつなぐ作業を通して，情報通信ネットワークのイメージをもたせる（写真4-1）。

■ 授業の流れ

交換機は4人で使用するようになっている。1人が交換手で他の3人が加入者となる。

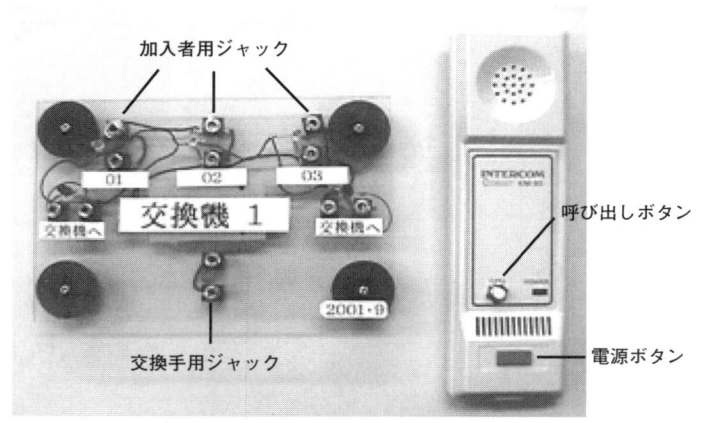

写真4-1 交換機と電話

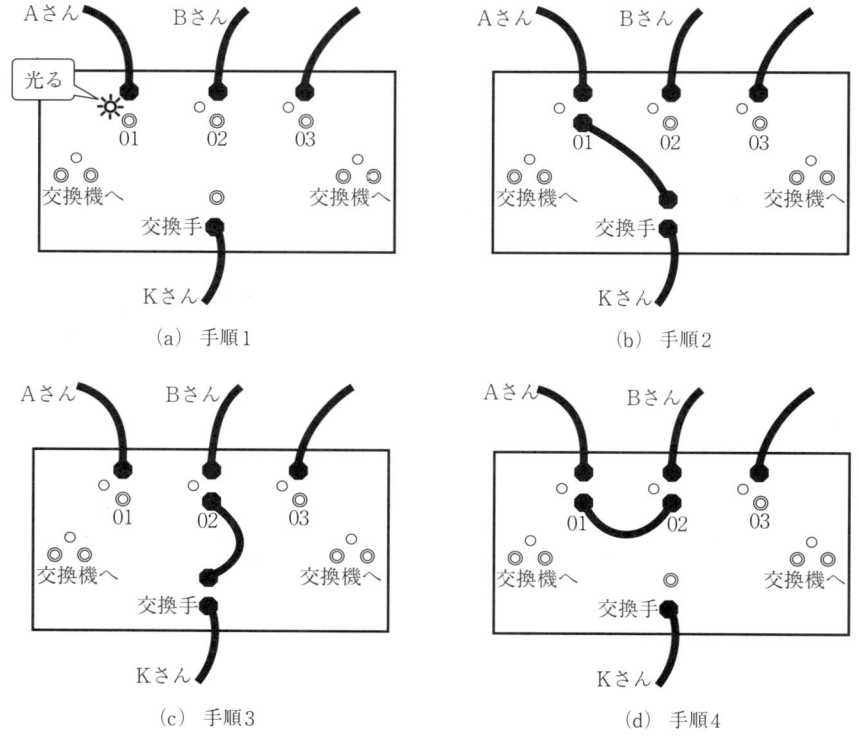

図4-13 交換手の手順例

(a) 手順1
(b) 手順2
(c) 手順3
(d) 手順4

4. 通信・ネットワークの授業実践例

以下は，Aさん（01）からBさん（02）に電話をつなぐときの，交換手Kさんを含めた3人のやり取りである。

A：青いボタンを押し電源を入れ，呼び出しボタンを押す。
K：Aさんの呼び出しランプが光るので（図4-13(a)），接続コードで自分とつなぎ（図(b)），「こちら交換です。どちらにつなぎますか」と尋ねる。
A：「Bさんお願いします」と相手先を告げる。
K：「Bさんですね。そのまましばらくおまちください」と答え，接続コードのプラグをAさんからBさんにつなぎかえる（図(c)）。さらに，呼び出しボタンを押し，Bさんを呼び出す。
B：呼び出し音が鳴ったら，電源ボタンを押し「もしもし，Bです」と応答する。
K：「こちら交換です。Aさんから電話です。おつなぎしますので，そのままおまちください」と伝え，接続コードの自分側のプラグをAさんにつなぎかえる（図(d)）。

実践例 9　交換機をつないで電話網を作ろう

■ ねらい

「交換機同士を接続したときの電話の回線のつなぎ方を考えることができる」
複数の交換機を使った通話接続を行う通信実験により，情報通信ネットワークの階層構造を理解させる。

■ 授業の流れと学習者のよう

生徒用の机に電信柱を立て図4-15のように交換機同士を接続する。さらに，もう一方も他の交換機につなぐと，図4-16のように配線が教室を網の目のように張りめぐらされる。このことにより，視覚から情報通信ネットワークをイメージさせることができる。机ごとに違う交換機番号を振り分け，電話番号を設定する。たとえば，01-001は01交換機の001番の加入者となる。クラス全員の番号を一覧にした電話帳を作り，接続を開始する（図4-14）。紙やホワイトボードでシミュレーションしたあとに接続を行うのだが，生徒は頭上の配線

交換機をつないで電話網をつくろう

課題 交換機と交換機をつないで遠くの人と電話をつなげてみよう

トライ1 クラスの電話帳をつくろう。

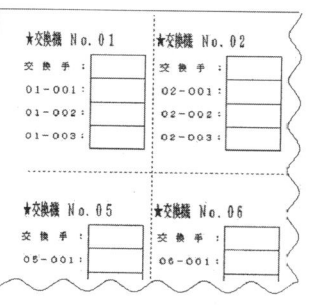

```
★交換機 No.01    ★交換機 No.02
交換手 [    ]     交換手 [    ]
01-001：          02-001：
01-002：          02-002：
01-003：          02-003：

★交換機 No.05    ★交換機 No.06
交換手 [    ]     交換手 [    ]
05-001：          06-001：
```

交換機の使い方をマスターしましたか？では続いて他の班の交換機と接続して通信してみようと思います。電話をかけたい相手に電話するためには電話帳が必要です。

1 班で交換手を担当する人を決めてください。
2 001〜003までのどの電話番号を、誰が使うかを決めましょう。
3 配られた電話帳に書き込み提出します。

・・・しばらくお待ちください・・・

4 クラス全員の電話番号がのった電話帳を班ごとに配ります。

トライ2 電信柱を立てて、交換機と交換機を結ぼう。

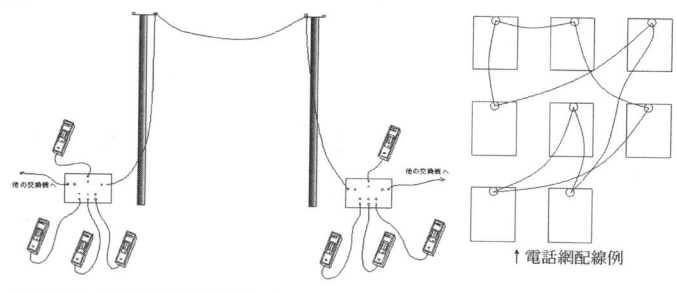

↑電話網配線例

実習で使う交換機は、他の2つの交換機と接続することができます。電信柱を使って、確実に配線できるようにしましょう。

注意！
○電信柱は机にしっかりと固定しましょう。
○どの班の交換機とつないでもかまいませんが必ず2カ所の交換機と接続してください。

図4-14 「交換機をつないで電話網を作ろう」
出典：技術教育研究会編『ためしてわかる通信とネットワーク——電話からインターネットまで（改訂版）』（コンピュータでひらくものづくりの技術上巻），2003.

4．通信・ネットワークの授業実践例

トライ3 隣の班の友達に電話しよう。隣のそのまた隣の班の友達に電話しよう。

（1）直接接続された班の友達に電話してみましょう。

・あなたの班の交換機は何番ですか？　□

・あなたの班の交換機は何番と何番
　の交換機に接続されていますか？　□　□

・誰と話すことができましたか。
　電話番号と名前を書いてください。
　※交換手以外の人の番号と名前を
　　書きましょう。

電話番号	氏　名

（2）直接接続されていない班の友達に電話してみよう。どうしたら接続できるだろう。

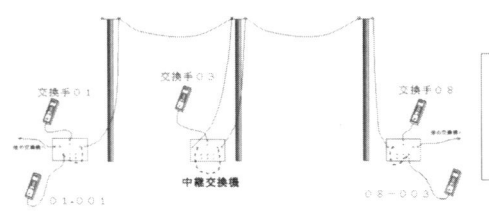

　　交換手01　　交換手03　　　　　　交換手08

　　　01-001　　中継交換機　　　　　　08-003

直接接続されていない班と接続するためには、間の班の交換手さんに中継してもらう必要があります。

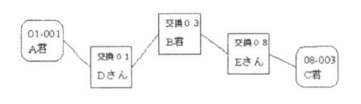

01-001	→	交換03	→	交換08	→	08-003
A君		B君		E君		C君
	交換01					
	Dさん					

例えば、左上の図のように接続されている場合、左のように接続図を描くことができます。

上の接続図を参考に、電話番号や交換番号、名前を書いて接続図をまとめてみよう。接続できた相手に★印をつけておきましょう。

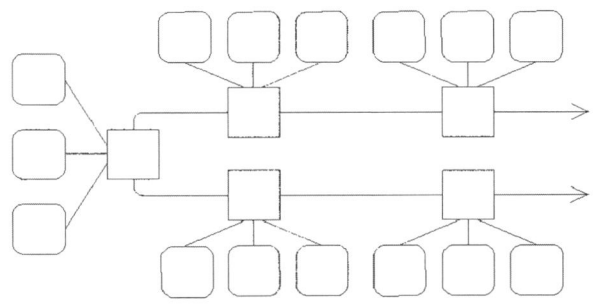

Ⓒ技術教育研究会

図4-14（つづき）

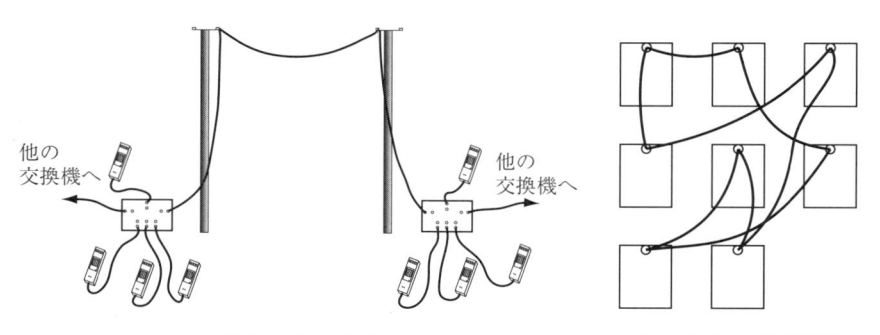

図4-15　電信柱　　　　図4-16　交換機配線図

を目で追い相手につなごうとする。視覚で確認しながら行うことによって，より実感を伴って理解ができるようである。交換手から他の交換手を何人か中継して目的の相手につながったときは，歓声が上がるほど盛り上がる。このあとに，今回の実習と実際の電話番号とを対比させる。市外局番，市内局番がそれぞれ中継交換機，加入者交換機の番号であることを気づかせ，電話通信網が階層構造による情報通信ネットワークとなっていることを理解させる。このことは，インターネットなどの情報通信ネットワークにおけるルータの役割やIPアドレスの意味を理解する上で大いに役立つことになる。

実践例10　『見てネット』でコンピュータネットワークを体験しよう

■ ねらい

「『見てネット』を使い，ネットワークに慣れ，匿名性の危険を知る」

近年インターネットはどこの家庭でもできる環境がある。携帯電話でも簡単にアクセスでき，メールを簡単に交換できる。そこで情報通信ネットワークの学習を始めるにあたって『見てネット』を使い，情報通信ネットワークに慣れ，匿名性による危険を知る必要がある。

■ 授業の流れと学習者のようす

『見てネット』（図4-17，砂岡憲史氏が開発した情報通信ネットワーク学習フリーソフト）は，PC室で簡単にメールがやり取りできるソフトである。ケーブルで接続されたPC室なら，誰でも簡単に設定することができる。

4. 通信・ネットワークの授業実践例

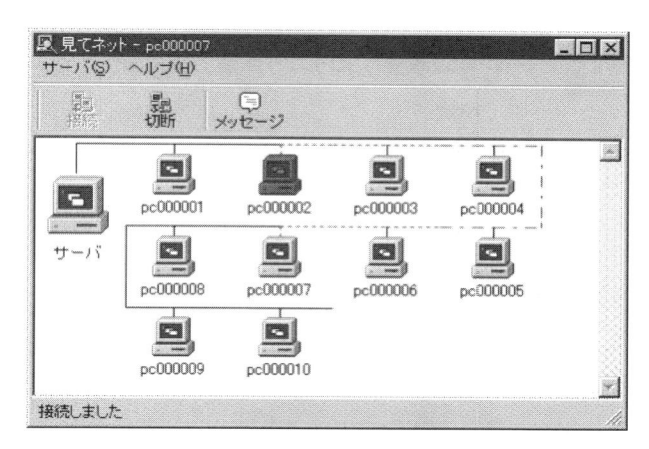

図4-17　『見てネット』

　ソフトを起動すると図4-17のような画面が表示される。起動するときに名前を入れログインするのだが，最初に本名でログインさせ，生徒に自由にメールのやり取りをさせる。しばらくして，一度ソフトを終了するように指示すると，生徒たちは「え〜」と残念がる。それほどおもしろいソフトなのである。
　「自分だと絶対わからない名前でログインしてください。男子が女子を，女子が男子を名乗ってもかまいません。自分の趣味や好きなものの名前をつけるのもやめましょう」と指示したり，または板書をする。生徒がさまざまな名前でログインし，そこからはネット上の無法地帯の始まりである。放送禁止用語は普通に飛び交い，普段簡単に口にできないようなことが話題になる。授業の最後に生徒に「誰が何打っていたか，先生は知っているよ」と，ログを見せながら話をすると，今度は「キャー」と悲鳴が聞こえてくる。誰も見ていないと思ってやっていたからである。生徒は，こちらが意図したこととはいえ，情報通信ネットワーク上では別人になれることを体験し，匿名性による楽しみと危険性を体験する。

実践例 11　コンピュータネットワーク使用の注意事項をまとめよう

■ねらい

「インターネット社会の問題点を考えることができる」

情報通信ネットワーク上でのエチケットのことをネチケットというが，今回の授業はネチケットについて生徒と一緒に考える。

■授業の流れと学習者のようす

情報通信ネットワーク○×クイズをやりながら，情報通信ネットワークのマナーを学ぶ。生徒に，○の立場，△の立場，×の立場，それぞれに意見を出させてからそれについて解説を加える。授業では，携帯やネット犯罪の問題や，出会い系サイトで同年代の生徒が巻き込まれた話が多く出てくる。現実に起きた話だからか，生徒たちは真剣に身を乗り出して話を聞く。身近にそのような話がない場合は，警視庁などのハイテク犯罪のページなどを見せる。

この授業では次の2点について重点を置いている。一つ目は，『見てネット』を用いた実習を踏まえ，なぜ情報通信ネットワーク上で個人情報を流してはいけないかを考える。今までにチャットや掲示板などを経験している生徒は多く，『見てネット』のログから，管理者にすべて情報は残っており，個人情報の流出防止について納得させる。

二つ目は，チェーンメールである。某テレビ局のある番組を偽ったチェーンメールは有名で，生徒にこの話をすると受け取ったことがある生徒はかなりいる。そのようなチェーンメールを他の人に送っては駄目だとすぐわかるのであるが，善意のチェーンメールについて生徒の意見は，さまざまに分かれる。有名なものは「Rh（－）AB型の献血願い」であるが，いろいろと立場を変えて考えると興味深い議論ができる。

実践例 12　コンピュータの登録番号を探そう

■ねらい

「各コンピュータに固有の番号（IP）があることがわかる」

情報通信ネットワークを理解するポイントは，IPアドレスにある。IPアド

4. 通信・ネットワークの授業実践例

レスに焦点化することで，今まではインターネットを説明するときに，せいぜいネットの図を見せるだけでいたのが，電話の原理と交換機網のイメージで，交換機網から情報通信ネットワークが理解できるようになる。

■ 授業の流れと学習者のようす

『見てネット』は自分のパソコンのIPアドレスや友達のパソコンのIPアドレスが表示するようにできている。「これでみんなのパソコンがわかるんだよ」と教えると「な～んだ」というような声が生徒から返ってくる。

図4-18(a) と (b) を示し，パソコンがもっているIPアドレス（登録番号）

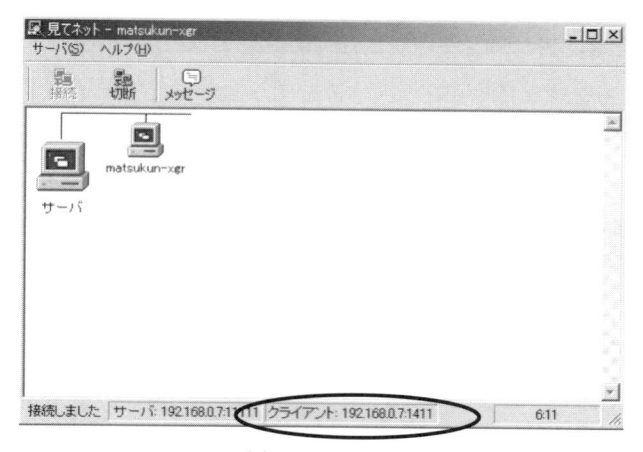

(a) IPアドレス1

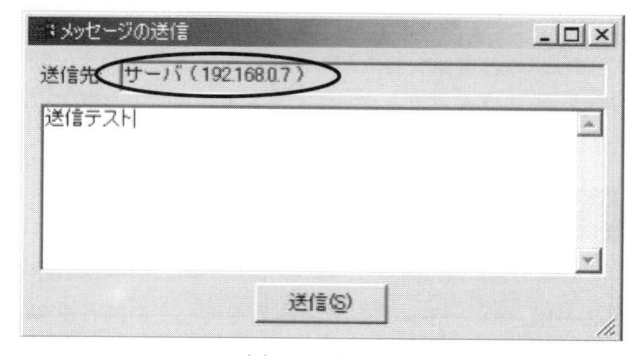

(b) IPアドレス2

図4-18 「見てネット」でのIPアドレス調べ

図4-19　IEでのIPアドレス調べ

についての説明をし，情報通信ネットワークで通信ができることを教える。
　次にインターネット上のIPアドレスを調べる。インターネットエクスプローラを用いて，図4-19のようにhttp://○○○.○○○.○○○.○○○と入力する。生徒は「へ〜これでできるんだ」と言いながら探す。生徒は情報通信ネットワーク上のどのパソコンにも番号が振られていることを知る。
　この後DNSサーバとドメイン名の付け方にある一定の法則について学習する。ドメイン名を自分で考える調べ学習をすると，co.jpからだけに限定しても，生徒は自分の名前を打ち込んだりしながら，楽しく探す。

実践例13　電話交換機網とインターネット

■ねらい
「電話網とインターネットを比較することができる」
　IPアドレスを含めた情報通信ネットワークと電話交換機網と比較し，まとめを行うことによって，生徒の理解を促進させる。

■授業の流れと学習者のようす
　電話番号とIPアドレス，電話交換機とルータ，電話線とケーブル等を対比し，インターネットの仕組みと電話交換機網の仕組みのまとめを行う。類似点をまとめることによって，生徒にとってインターネットの仕組みが身近なものになる。

実践例14　バーチャルカンパニーの社長になろう

■ねらい
「架空の会社のURLやメールアドレス，商品やデータの流れを考えることができる」
　架空ではあるが，世の中のデータの流れ，情報通信ネットワークの位置づけ

4. 通信・ネットワークの授業実践例   75

バーチャルカンパニーの社長になろう

課題 自分の会社を作ってみよう

　これまでの学習でみたように、お店や工場などの間でコンピュータネットワークが活躍しています。これを参考に自分独自のバーチャルカンパニーを考えてみましょう。

条件：部品をいくつか使う製品であり、ユニークなもの

トライ1 自分が作りたい会社についての情報を考えてみよう。

```
会社名：＿＿＿＿＿＿＿＿　何を作るメーカーか：＿＿＿＿＿＿＿＿
URL：http://www.＿＿＿＿＿.co.jp　メールアドレス：＿＿＠＿＿.co.jp
社員：＿＿＿人　年商：＿＿＿＿＿円　支店：＿＿＿店
```

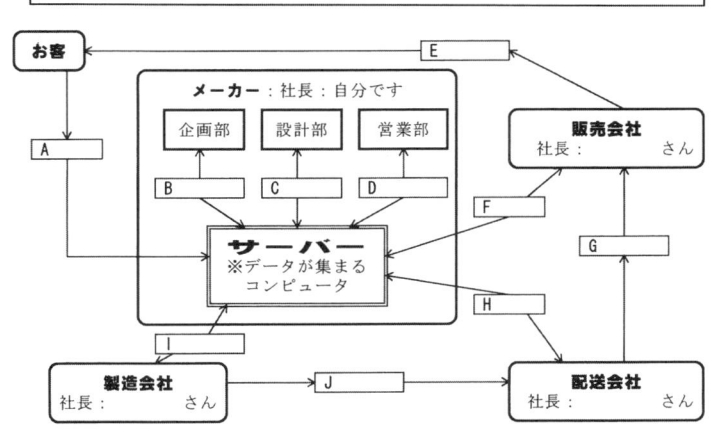

[図：バーチャルカンパニーの構成図。メーカー（社長：自分です）の中に企画部・設計部・営業部があり、サーバー（※データが集まるコンピュータ）に接続されている。お客、販売会社（社長：　さん）、製造会社（社長：　さん）、配送会社（社長：　さん）が矢印A〜Jで結ばれている。]

トライ2 下記の情報はどことどこの間でやり取りされてるか、□内に数字を入れよう

①設計図　　　②部品のCAD情報　　③生産計画　　　④企画案
⑤販売情報　　⑥発注の情報　　　　⑦実際の商品

トライ3 お互いのバーチャルカンパニーを発表し合おう

Ⓒ技術教育研究会

図4-20　「バーチャルカンパニーの社長になろう」

出典：技術教育研究会編『ためしてわかる通信とネットワーク——電話からインターネットまで（改訂版）』（コンピュータでひらくものづくりの技術上巻），2003．

を考えることができるようになる。

■授業の流れと学習者のようす

図4-20の中に書き込みながら生徒が自分の架空の会社を設立し，データの流れを考える。生徒は細かなところにこだわりながらいろいろと考え，商品の動きだけでなく，インターネットを通したデータの動きも考える。

このバーチャルカンパニーの実験によって，ものづくりの現場において情報通信ネットワークがどのように使われているか，社会的にどういう意味があるかを考えさせることができる。

＜アンケート結果＞

前記した12単元の理解度と感想を4段階に分けて2003年度名古屋大学教育学部附属中学校3年生を対象にアンケートを実施した。以下のグラフから読み取れるように，ほとんどの生徒が「楽しくわかる」授業と評価していた（図4-21，図4-22）。

2．インターネットの仕組み

インターネットが急速に地球上を覆った理由は何であろうか。それは一般に利用されている電話回線のようなアナログデータの交信を前提としたネットワークとの発想の違いである。アナログデータの交信では品質や信頼性を保つために回線の高品質化や多重化が必須とされるが，ディジタルデータの交信の場合は低品質な回線状況から，データが失われればコピーを送り直せばよい，回線の情報を交信して，つながっている場所を通せばよいというプロトコルであることが一番の違いであり，それがインターネットを普及させたポイントでもある。

その点に生徒が気づけば，インターネットが産業革命に匹敵する革命であることへの理解につながる。

本実践は「情報B」の内容の柱である「情報社会を支える情報技術」のうちの項目「情報通信と計測・制御の技術」に位置づく内容であり，特に情報通信ネットワークの仕組みを理解することをねらっている。

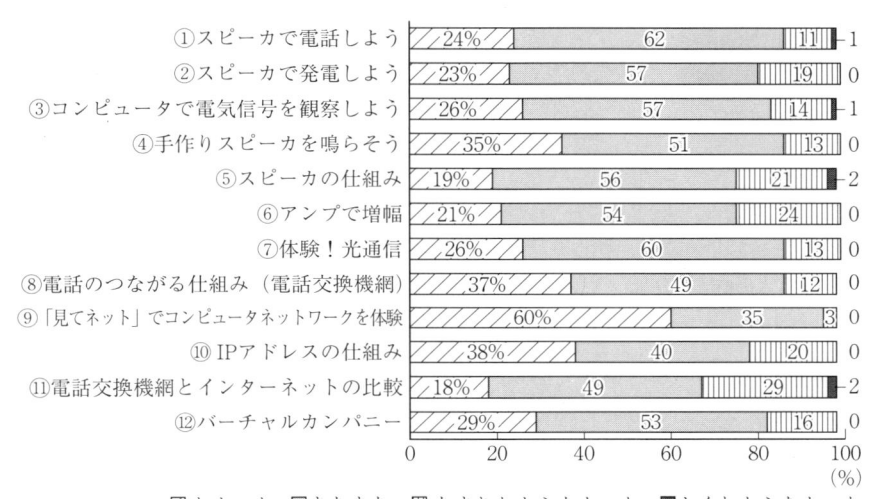

4. 通信・ネットワークの授業実践例　　　　　　　　　　　　　　　　　　　　　　77

項目	わかった	まあまあ	あまりわからなかった	よくわからなかった
①スピーカで電話しよう	24%	62	11	1
②スピーカで発電しよう	23%	57	19	0
③コンピュータで電気信号を観察しよう	26%	57	14	1
④手作りスピーカを鳴らそう	35%	51	13	0
⑤スピーカの仕組み	19%	56	21	2
⑥アンプで増幅	21%	54	24	0
⑦体験！光通信	26%	60	13	0
⑧電話のつながる仕組み（電話交換機網）	37%	49	12	0
⑨「見てネット」でコンピュータネットワークを体験	60%	35	3	0
⑩IPアドレスの仕組み	38%	40	20	0
⑪電話交換機網とインターネットの比較	18%	49	29	2
⑫バーチャルカンパニー	29%	53	16	0

☒ わかった　☐ まあまあ　▥ あまりわからなかった　■ よくわからなかった

図4-21　アンケート結果　理解度

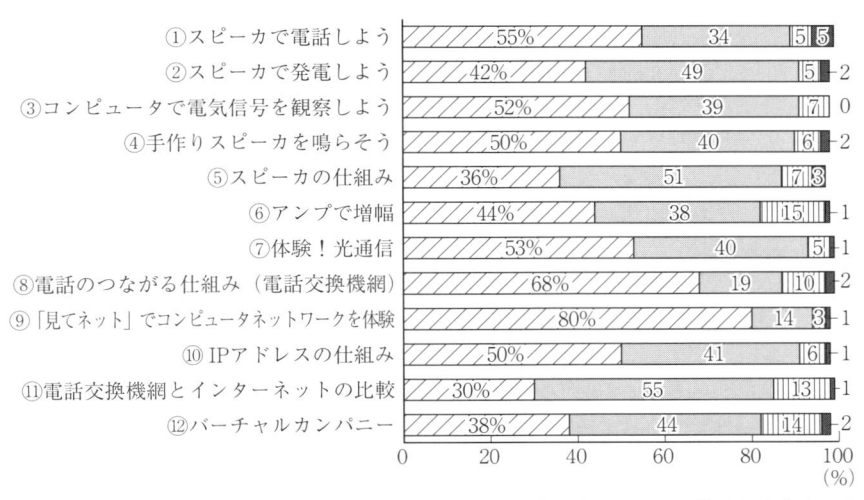

項目	楽しかった	まあまあ	あまり楽しくなかった	楽しくなかった
①スピーカで電話しよう	55%	34	5	5
②スピーカで発電しよう	42%	49	5	2
③コンピュータで電気信号を観察しよう	52%	39	7	0
④手作りスピーカを鳴らそう	50%	40	6	2
⑤スピーカの仕組み	36%	51	7	3
⑥アンプで増幅	44%	38	15	1
⑦体験！光通信	53%	40	5	1
⑧電話のつながる仕組み（電話交換機網）	68%	19	10	2
⑨「見てネット」でコンピュータネットワークを体験	80%	14	3	1
⑩IPアドレスの仕組み	50%	41	6	1
⑪電話交換機網とインターネットの比較	30%	55	13	1
⑫バーチャルカンパニー	38%	44	14	2

☒ 楽しかった　☐ まあまあ　▥ あまり楽しくなかった　■ 楽しくなかった

図4-22　アンケート結果　感想

実践例 15　インターネットの仕組みを知ろう*

■ 教材研究

インターネットとは，ネットワークとネットワークが相互接続されたネットワークである，という説明にとどまっていては，なぜ，インターネットの普及が産業革命に匹敵する変化と言われているのか，なぜ，全世界に急速に広まったのか，を理解させることはできない。情報技術についての教育は単にシステムの解説ではなく，そこに盛り込まれた人類の知恵と工夫，技術史の観点からの技術の革新が世界に与えた影響を理解させ，その上でうまく技術を使いこなせるよう導くことが必要である。

ここで紹介する授業はルータの働きとTCPを取り上げ，そこから，従来の伝送方法にはなかったインターネットの二つの特徴

- ある経路に障害が発生しても，そこを迂回してデータを転送できる。
- 回線状態が悪く，データが消失してしまう可能性がある経路であってもデータを転送できる。

のすばらしさに気づかせることを目標においた。

この二つの特徴によってディジタルデータの送信だからこそ可能であり，また，この二つの特徴によって特別なバックアップ回線が不要になることを理解させ，さらに，このことが回線の低コスト化につながり，インターネットを急速に普及させる要因の一つになったことに気づかせる。

■ 学習目標

この授業の学習目標を次にあげる。

- インターネットの普及は産業革命以来の大革命と言われるが，なぜこれほどまでに普及したのかを技術的側面から考え，理解する。
- ディジタルデータの特性である「加工，編集が容易」「複製が容易」をうまく生かしたプロトコルになっていることに気づく。
- インターネットはネットワークのネットワークとも言われるがそれを実

---

* ここで紹介した授業案とルーターゲームは，筆者が担当した2002年度金城学院大学「情報科教育の研究」（情報科教育法）にて，学生の津布久由佳さんが考案したものを本人の了解のもと，加筆修正を加えたものである。

4. 通信・ネットワークの授業実践例

現させるための工夫の一つとして，ルータ同士が定期的に経路情報をやり取りしていることを知る。
- データをパケットに分けて送り，受け取り側に全部そろった段階でもとの状態に組み立てることを知る。
- 途中で，パケットが消失してしまった場合は，そのコピーを発信元から送信し直すことでデータ送信の信頼性を確保していることを知る。
- これによって，低品質の回線であっても送信が可能になり，低コストにつながっていることを理解する。

■ 授業の流れ
① インターネットが産業革命以来の革命と言われる所以を説明する
- 個人が全世界に向けて情報発信が可能になった。
- 通信距離に関係なく，低コストで情報の送受信が可能になった。
- 単独で戦地に乗り込んだフリーライターが現地から電子メールやビデオデータでリポートした例などを示す。

② インターネットと電話回線の違いを考えさせる
- インターネット網の図と電話回線網の図を示し，違いを考えさせる。
- 扱う信号方式の違いを考えさせる（ディジタル信号とアナログ信号）。
- 伝送経路の違いを考えさせる（電話回線は障害に備えて，3重にバックアップ回線が用意されていることに触れる）。

③ インターネットは，データをパケットに分けて転送していることを説明。また，ルーティングについての説明も行う
- 次のサイトのアニメーション教材を利用して説明する。
  総務省「情報通信白書 for Kids」インターネットの世界
  http://kids.soumu.go.jp/internet/index.html

④ ルータゲームの説明

インターネットがデータを転送する様子を，教室内で実現することを説明する。

このゲームはインターネットがデータをどのようにして転送しているのかを実際に体験しながら，どのチームが先にデータをゴールに届けられるかを競って楽しむものである。

＜準備物＞
- 1から3までの数字を書いた紙をはった箱（パケット）×チーム数×2
- ゲームの説明プリント

＜準備＞
1. 10人ずつのチームに分かれる。
2. 10人の中で1人はデータを送信するコンピュータ，1人は受信するコンピュータになり，残りの8人はルータになる。
3. 各チームには箱を2セットずつ配布し，同じ番号の箱はパケットのコピーとする。
4. 各チームは次の図4-23のように並ぶ。

＜ルール＞
1. 3種類のパケットを発信者から受信者までできるだけ最短距離で届けるようにする。
2. ルータとルータのつながりは図のとおりとし，必ず，隣り合わせのルータにデータを転送するものとする。
3. 隣のルータと勝負がつくまでじゃんけんをして勝ったら次のルータに箱

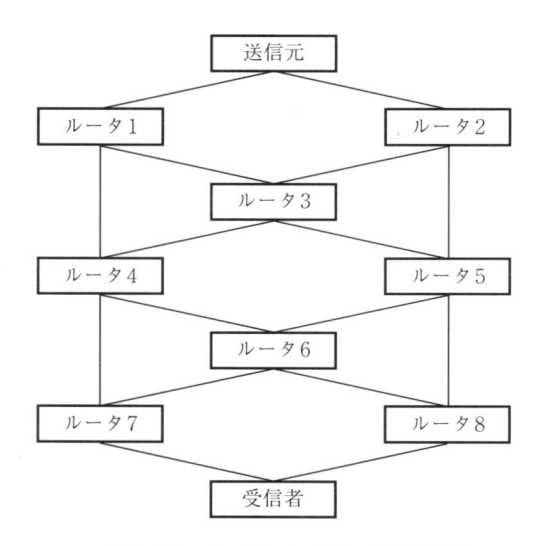

図4-23　ルーティングゲームの配置図

4. 通信・ネットワークの授業実践例

（パケット）を投げる。負けた場合は違う隣り合わせのルータとじゃんけんをする（例：ルータ1がルータ2とジャンケンをして勝ったらそのまま進む。負けたら今度はルータ3とジャンケンをする）。

4. すべての隣り合うルータに負けて進めなくなったら，送信元から，コピーを送り直す。
5. 箱（パケット）を落とした場合は，データが消失してしまったこととし，送信元からコピーを送り直す。
6. 一つのルータにパケットが二つ以上届いた場合は届いた順に次に送る。
7. パケットに振られた番号に関係なくゴールまで送り届け，三つそろった段階で番号順に並べ替え，挙手をする。届いた三つのパケットを早く番号順に並べ換えたチームが勝ちになる。

⑤ ゲームを開始する
⑥ ゲームの結果を考案する
⑦ ゲームのルールとTCPの対応を説明する
- じゃんけんをする → 隣のルータとルーティング情報の確認をする。
- じゃんけんに負けたら，違う相手とじゃんけんをする → ある経路に障害が発生している場合は違う経路を迂回する。
- パケットを落としたら，コピーを最初から送り直す → 消失したパケットはコピーを送り直す。

⑧ このプロトコルのメリットは何かを考える
- 経路途中で障害が発生したり，低い品質の回線であっても，パケットはゴールまで届くルールになっている。
- 多重化しなくてもよく，コストダウンにつながる。

⑨ このプロトコルはディジタルデータの特性をうまく活用していることを加えながらTCPの技術的な説明をする
- パケットに分けて送信し，届いたら組み立て直す。
- 途中で消えてなくなればコピーを送り直せばよい。
- UDPの説明も併せて行い，信頼性が高いネットワーク環境ではUDPを使っていることも説明する。

3．音だってディジタル

　本実践は，通信技術，コンピュータ，制御技術の技術的基礎として重要なディジタルの，必要性と意義をわからせるために手軽な視聴覚教材を用いた点が特徴である。ディジタル概念は，「情報B」の「コンピュータの仕組みと働き」の項目に位置づくばかりでなく，他の項目にも位置づくものであるが，生徒はイメージをもつことに苦労をしている。「デジタル進化論」は，2001年度から放送されているNHK教育番組である。同番組の内容は，「情報の科学的な理解」に焦点を当てており，年間を通じて表4-2に示すとおり全20回（1回20分間）から構成されている（http://www.nhk.or.jp/denno/）。ここでは，「音だってデジタル（第8回)」を活用した授業を紹介する。

表4-2　デジタル進化論年間放送（2002年度）

第1回	こんなところにもコンピューター?
第2回	デジタルで行こう
第3回	0と1はこんなに便利!?
第4回	もともと私は計算機
第5回	計算機に命令する方法
第6回	すばやい記憶と再生のワケ
第7回	OSって何?
第8回	音だってデジタル
第9回	計算が生んだバーチャル
第10回	ロボットを動かすには
第11回	デジタルで見分ける
第12回	インターネットって何?
第13回	世界がつながるしくみ
第14回	間違いさがしもデジタルで
第15回	わたしの秘密，大丈夫?
第16回	デジタルが変える社会のしくみ
第17回	コンピューターをはたらかせるには
第18回	コンピューターって万能なの?
第19回	コンピューターと人が対話するしくみ
第20回	コンピューターとわたしたちの未来

4. 通信・ネットワークの授業実践例

実践例 16　ディジタル化の仕組みを知ろう

表4-3　「音だってデジタル」を活用した学習指導案

時間	指導項目	学習内容	指導の留意点等
導入	本時の目標	音をディジタルにする方法とその利点についてわかる。	身近なもののなかで音をディジタルで扱っているものを発表させ、どうしてディジタルにしているのか、に疑問をもたせたい。
展開	「音の正体は?」のビデオ鑑賞	音は空気の振動によって伝わり、その振動は波形で表すことができる。	糸電話を用意し、糸電話のイメージがわかない生徒も含めて、音→糸の振動→空気の振動、を思い出させ、音→振動→波形へとイメージを発展させたい。
	信号波形ソフトで音信号の波形を観察	自分の声などの波形を観察する。	音の変化と波形の変化とが関係していることを気づかせたい。
	「音をデジタルにするってどういうしくみなの?」ビデオ鑑賞	音の波形をディジタルにするためには、標本化と量子化の手続きが必要であり、その手続きが音質やデータ数に影響する。	標本化については、「時間間隔で波形の一部を残す(波形を区切る)」というイメージをもたせたい。量子化については、「振幅の数値をいくつかの段階で読む(波形を段階に分ける)」というイメージをもたせたい。その手続きで音が数字に変わることをおさえたい。
	サウンドレコードソフトを使って音データの変形	音データのコンピュータ処理をためす。	コンピュータに記録した自分の声を逆転再生やエコー処理させて、ディジタル化の利点に気づかせたい。
	「デジタルで音を創り出す」ビデオ鑑賞	雑音を取り除く様子や楽器の音色を変える作業など、実際の仕事に活用されていることを学ぶ。	いったん数字データになれば、雑音を取り除いたり、音色を変えるなどの加工が容易であり、その理解から、ディジタル化が音楽の世界を拡げていることを気づかせたい。
まとめ	まとめ	情報をディジタルにする利点についてまとめる。	音の場合、雑音が問題になりにくいこと、加工が簡単になることをわからせたい。そして情報がディジタルになると活用先が拡がることを気づかせたい。

■ ねらい
- 音情報をディジタルにする仕組みを知る。
- 情報をディジタルにすることの利点をわからせる。

上記2点を達成することによって，ディジタル化の意義がわかり，コンピュータおよび情報通信ネットワークにおける情報処理についての理解につながることが期待できると考える。

■ 授業の流れ

表4-3に学習指導案を示す。生徒はディジタル化の仕組みを視覚的につかむと共に，観察や操作活動によってその理解を深めることができた様子であった。

4．データの圧縮技術

最近のウェブサイトはテキストデータだけでなく，画像，音楽データ，動画データなど，さまざまな種類のデータで構成されることが多くなってきた。また，音楽，映画などのコンテンツもブロードバンド回線を通じて配信されており，従来のメディアから，すべてインターネット配信に移行することを予感させる状況にある。この状況を可能にしている技術の一つは"圧縮技術"である。圧縮技術は，「情報B」の「コンピュータの仕組みと働き」のうちの項目「コンピュータにおける情報の表し方」に位置づく内容である。

本実践では，情報圧縮技術に焦点を当て，マルチメディアの未来を考えることを目指している。

実践例17 データの圧縮技術を知ろう

■ 教材研究

携帯電話にカメラを取り付け，写真を送受信することを可能にした最初の携帯電話は9.6 kbpsという低速の転送スピードであった。また，動画ファイルの転送は第3世代携帯電話で実現と言われていたが，圧縮技術の進展により，2.5世代の携帯電話でも実現している。

動画，画像を組み合わせた情報の送受信にはブロードバンドが不可欠と思い

がちであるが，実は圧縮技術がそれを支えていることに気づかせたい。
　現在の主な圧縮技術には次のものがある*。
① 白黒静止画（2階調）
　　白を0，黒を1とし，0が何個あるかを符号で表して圧縮する（ランレングス符号化方式）。
② カラー静止画
　　人間の目にわからない程度に絵を粗くしたり，色数を減らして圧縮する（JPEG方式）。
③ カラー動画
- 人間の目にわからない程度に絵を粗くしたり，色数を減らして圧縮する。
- 動いた部分だけを送信する。
- フレームを間引きする。

この授業では①のランレングス符号化方式を取り上げる。

■ 学習目標
- 情報圧縮技術の基本的な考え方を知る。
- 可逆圧縮と不可逆圧縮の2種類があることを知る。
- 動画の圧縮方法についても知る。

■ 授業の流れ
① 最初のカメラ付き携帯の転送スピードはどのくらいかを考える
- 例として，学校のインターネット回線のスピードを紹介。
- 9.6 kbpsという低速度であることを知らせる。
② 低速回線で画像データを送るにはどうすればいいかを考える
- 生徒から，「小さな写真にする」「粗い写真にする」などの回答があると考えられる。
- 小さな写真に加工する，粗い写真に加工するといった方法は，ディジタル情報だから可能であることを押さえる。

---

* 文部科学省検定済教科書『みんなの情報C』オーム社，pp. 66-69.
奥村晴彦「データ圧縮技術の基礎と最近の動向」，http://www.matsusaka-u.ac.jp/~okumura/compression/020130/
富士通研究所「やさしい技術講座 画像圧縮技術」，http://www.labs.fujitsu.com/gijutsu/mpeg/

③ 実際に写真のサイズを変えてみる
- 写真を用意し，画像ソフトで縦横1/2にして，ファイルサイズの変化を確認する。
- 教師は加工後の写真と加工前の写真が同サイズで比較できるようなウェブページを準備しておき，生徒に画像の鮮明さを確認させる。

④ 不可逆圧縮の問題点を考える
- この方式でデータを小さくする際の問題点を考える。(情報が劣化してしまい，もとに戻せない)。
- 情報の一部を省略したり，間引きする方法での圧縮を不可逆圧縮ということを知らせる。
- JPEGは不可逆圧縮であることを紹介。

⑤ 可逆圧縮の方式を紹介する
- +Lhaca等の圧縮解凍ソフトでワープロのデータを圧縮，解凍する様子を見せる。
- 圧縮方法の基本的な考え方を説明
  000001 → 0が5個と1が1個 → 0×5と1×1
  010101 → 01が3個＝(01)×3

  データの中の規則性から圧縮のルールを作り，その逆の方法で復元すれば，もとのデータに戻すことができる可逆圧縮が可能であることを知らせる。

  ○ランレングス符号化方式による圧縮，復元
    G3 FAXで使われているランレングス符号化方式の説明
  (1) 画像を左上から右に白い部分を0黒い部分を1として，数値に変換する(1行目左から右へ，2行目左から右へと本を読むときのように順に読み取り，数字に変換する)。
  (2) 0が連続何個，黒が連続何個と数える。
  (3) 符号への変換ルールを作る。
      0000000000 ← 0が連続10個＝0000 (40%に圧縮)
      11111000 ← 1が5個，0が3個＝0001 (50%に圧縮)
  (4) 受信側が0000 0001を受け取り，変換ルールに従って，復元すれ

ば0000000000111111000ともとのデータに復元される（1の部分を黒く塗れば，もとの画像が復元される）。

⑥ 演習

○ランレングス符号化方式による圧縮，復元

次の2進数の数値を見て，自分たちでルールを考え，圧縮してみよう。

＜例＞ 0001000101

符号への変換ルールを 01→0 00001→1 とすると

0001000101 → 110

となり，30％に圧縮される。

(1) 1100001100
(2) 1001100100

＜留意点＞ 問題は各自で考えさせ，符号への変換ルールを工夫すれば圧縮効率が高くなることに気づかせる。

⑦ まとめ

動画の圧縮方法には，フレームの間引きや動いている部分だけを転送する方式があることを紹介し，圧縮技術が発達すると高品位な情報を手軽に送受信できるようになり，近い将来，携帯電話でテレビ番組やビデオを視聴できる可能性もあることを知らせる。

5 制御・ネットワークの授業実践例

1．自動化から始めるコンピュータ学習

　プログラミングの学習は，コンピュータがさまざまな場面で使われネットワーク化されている現代では，現実の社会を正しくとらえるために欠かすことのできない学習内容である。特にモータを制御して車を動かしたりすることで，プログラムの働きを生徒たちにより実感をもって伝えることができる。ここに紹介する実践は，「情報B」の内容の柱である「コンピュータの仕組みと働き」の項目「コンピュータにおける情報の処理」および「情報社会を支える情報技術」の項目「情報通信と計測・制御の技術」に位置づくものであり，テーマ「コンピュータの仕組みを知ろう」およびテーマ「計測・制御のプログラムを考えよう」という展開が考えられる。

（1）なぜプログラミングなのか

　プログラミングは，コンピュータに向かってプログラムを打ち込んでは修正するという地道な作業である。市販されているパソコン用のソフトウェアの開発でいえば，何十人，何百人というシステムエンジニアやプログラマが一つのソフトウェアの開発のために，仕事を分担し，協力して取り組んでいる。

　そしてプログラムが必要なのは，パソコンだけではないことも忘れてはならない。インターネット上で活躍するサーバ，ルータ，毎日の生活に欠かせない携帯電話やエアコン，炊飯器，冷蔵庫，さらには自動販売機や駅の自動改札など，身のまわりのほとんどすべてのものにコンピュータが埋め込まれ，ほとんどの機械がもはやプログラムなしには動かない。プログラミングの学習は，これからますますコンピュータ化されていく社会を考えるために，欠かすことの

できない学習内容である。

　しかし，普段何気なく生活しているだけでは，私たちの生活を支えているたくさんのコンピュータやコンピュータが組み込まれた機械を動かすために，どれほどのプログラムが日々開発され，私たちの暮らしを支えているのか，生徒たちが自ら気づくことはとても難しい。

　コンピュータは誰かが指示したとおりに動く機械である。その指示を出す仕事がプログラミングである。どんなに身のまわりにコンピュータがたくさん使われて便利に生活できるようになったとしても，それはコンピュータが便利にしてくれたのではなく，試行錯誤を繰り返しながら誰かがプログラミングしたからにほかならないのだ。

　情報の授業でプログラミングを体験させることで初めて，プログラムを誰かが作っているという実感を生徒たちに確実につかませることができる。プログラミングの学習は，将来プログラマやシステムエンジニアになろうという生徒たちだけでなく，できるならば次代を担う生徒たち全員に取り組ませたい学習内容である。

（2）制御で学ぶプログラミング

　BASICやCなどさまざまなコンピュータ言語を使った授業実践がこれまで数多く取り組まれてきた。しかし，多くの場合その習得のためには，細かな文法や使い方を覚えなければならず，授業自体がプログラミングの学習というよりは，コンピュータ言語習得のための学習になってしまいがちである。

　さらに，プログラム言語の習得ということになると，プログラムが実行された結果が画面に表示されるだけであることが多い。こうした体感を伴わない実習は，興味関心のない生徒にとっては苦役でしかない。

　そこで解決策の一つとして，制御からプログラミングの学習を始めることを提唱する。どんなコンピュータ言語を使うにしても，プログラミングした結果で機械の動きを変化させる実習ならば，プログラミングした結果を動きとして確認することができる。制御ならば何度も試行錯誤を繰り返しながらプログラムを完成させていくことができるので，生徒たちの興味関心を維持しながら授業を展開することが可能である。

また，さらなる解決策として，制御学習のための簡易コンピュータ言語を用いることもできる。コンピュータ言語の細かな文法や使い方にいっさい煩わされることなく，試行錯誤しながら目的の動きを実現するプログラミングの醍醐味を生徒たちにより確実に体験させることができる。

（3）「オートマ君」の学習の目指すもの

　現実にソフトウェア開発の現場で行われているプログラミングは，一般人には敷居が高く，専門家だけがその技能を身につければよいとされていることが多いように思われる。

　「オートマ君」の学習では，制御のためのプログラミングをするという限定された目的で，簡単な制御のためのプログラミングを経験させていく中で，試行錯誤を繰り返しながら目的の動きを実現させていく。この体験は，現実社会でさまざまな場面で使われているコンピュータが組み込まれた機器や，ネットワークに接続された機器などの働きを類推する力につながっていく。

　近年の急激なコンピュータ化に伴ってさまざまな制度や仕組みが，ガラガラと今まさに変わりつつある。これからますますコンピュータ化されていく社会を正しくとらえるためには，「オートマ君」の学習で取り上げているようなプログラミングの基礎を身につけておくことが欠かせない。コンピュータは人間がプログラミングしたとおりに動く機械であり，作り手がどのようにプログラミングするかによってその働きも変わってくるのである。

　プログラミングの学習は，これからの時代を担う生徒たち全員が履修すべき学習内容なのではないだろうか。

　また，インターネットの普及によって，今まさに働く人たちの姿が劇的に変わろうとしている。情報通信ネットワークを通じて仕事を分担し合い，協力して仕事に取り組むことがもはや当たり前になりつつある。これからのプログラミングの学習でも，こうした分業協業を意欲的に学習の中に取り入れていく必要があるのではないだろうか。

5. 制御・ネットワークの授業実践例

実践例 18　「オートマ君」で模型車の制御に挑戦

■ 教　材

　これから紹介する授業実践では，図5-1に示すような制御学習のための簡易コンピュータ言語「オートマ君」(http://www.gijyutu.com/g-soft/automa/)を用いている。「オートマ君」は，出力，時間，飛べ，カウンタ，入力という五つの命令だけで，プリンタインタフェースを用いて八つの出力と，一つの入力を扱うことのできる簡易コンピュータ言語である。英語の命令を覚えて打ち込む必要もなく，表示されたリストから日本語の命令を選ぶだけなので，1時間もあれば誰でも操作を習得することができる。

　「オートマ君」は1992年にMS-DOS版として公開された。フリーソフトウェアとして公開されたこともあって，11年を経た現在でも，全国の数多くの学校の授業で使われている。2000年にはWindows版も開発され，Windows XPでの動作も確認されている。

　「オートマ君」を使った授業のために生徒用テキスト『自動化からはじめるコンピュータ学習』*(http://www.ne.jp/asahi/tech/gikyouken/publication/auto/) も市販されている（後述の図5-10～図5-13等参照）。

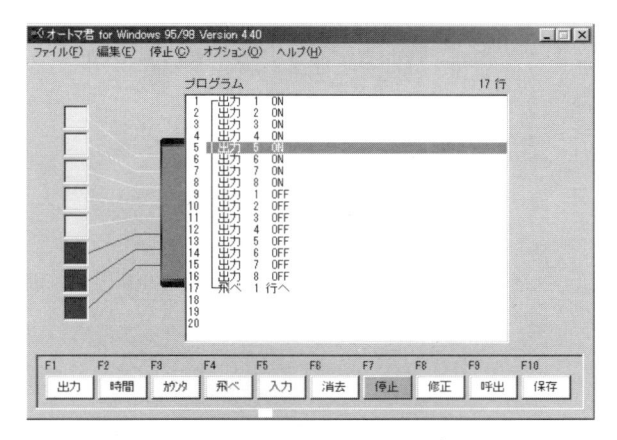

図5-1　オートマ君の画面写真

＊　技術教育研究会編『自動化からはじめるコンピュータ学習──Windows版オートマ君で自動機械の世界を歩こう（改訂版）』（コンピュータでひらくものづくりの技術下巻）2003.

■ 授業の流れ
① ボードの工夫
プリンタインタフェースに接続する制御用のボードはさまざまな教材会社から市販されている。「オートマ君」にこれらのボードを接続し，さらにこのボードにモータなどを接続することでさまざまな制御を実現することができる。「オートマ君」では，専用の出力ボードも開発し市販した（http://www5a.biglobe.ne.jp/~sgk/）。

写真5-1のように各出力信号ごとに八つのLEDをつけることで，目で信号を確認できるようにした。あえて接点型リレーを用いることで出力信号の変化を音として聞くことができるようにするなど工夫を加えた。

さらに出力信号ごとに接続端子を独立させ，モータなどを接続する際に生徒たちが信号の流れを意識できるようにした。

いくら自分でプログラムを作成しても，自分で作ったプログラムから送られた信号で出力ボードに変化が起こっていることが実感できなければ，学習の効果は半減してしまう。「オートマ君」の授業では，自分たちが作ったプログラムで，LEDとリレーの動きを制御していることを1時間目の授業から実感させることができる。

② 車を前進させるプログラムを作る
「オートマ君」の授業の2時間目，まずは左右の車輪を別々のモータで駆動

写真5-1 出力ボード

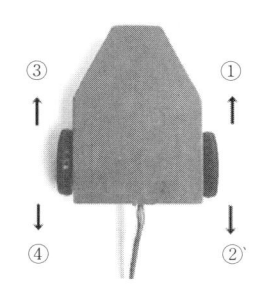

5. 制御・ネットワークの授業実践例

図5-2　車と出力①〜④の関係

```
1：出力    1    ON
2：出力    3    ON
3：時間   10    秒
4：出力    1    OFF
5：出力    3    OFF
```

図5-3　10秒前進のプログラム例

```
1：出力    1    ON
2：時間    1    秒
3：出力    1    OFF
4：出力    3    ON
5：時間    1    秒
6：出力    3    OFF
7：飛べ   1行へ
```

図5-4　ジグザグ運転のプログラム例

する模型の車を用意して，これをボードの出力1〜出力4に接続する。図5-2のように，出力1〜4のうち，どの出力をONにすれば車がどのように動くかを事前に確認させた上で行う。生徒たちはそれぞれに課題に取り組み，目的の動きを実現するためのプログラムを考えていく。

前進させるためには，左右の車輪を同時に前進させなければならない。たとえば10秒間前進するプログラムは図5-3のように書くことができる。出力1で右車輪が前進し，出力3で左車輪が前進する。10秒間たった後に，出力1と3を切るという具合である。出力2と4を使えば，後進のプログラムにすぐに作り替えることができる。

③　ジグザグ運転するプログラムを作る

左右の車輪を交互に前進させ繰り返すようにプログラミングすれば，図5-4

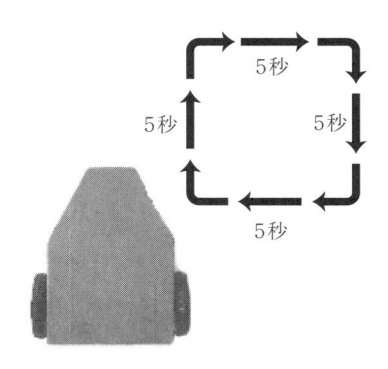

図5-5　四角く回る動き　　　　　写真5-2　出力ボードと車

のようにジグザグ運転も極めて簡単に実現できる。命令もリストから選ぶだけなので，車の動きをイメージしながらプログラミングさせることができる。

「オートマ君」では，命令も車だけを制御するための専用の命令にしていない。このプログラミングの経験をもとに現実の制御やプログラミングを考えさせたいからである。右車輪前進などとあえて書かないことで，制御やプログラムの働きを一つひとつ対応関係まで自分で考えながらプログラミングすることになる。

④　決められた動きをするプログラムを作る

車の向きを右に90度変えるためには，出力3を何秒間動かせばよいか。両側の車輪を同時に動かした場合は出力3と出力2を何秒間同時に動かせばよいかなど，実際に車を動かして計測するようにしている。時間は車の大きさや電池などによっても違ってくるのでみな同じというわけにはいかないが，自分の使っている車の向きを90度変えるために，何秒間どの車輪を動かせばよいかを押さえておくことで続く課題がより簡単に実現できる。

図5-5のように動かすためにはどのようにプログラミングすればよいだろうか。出力3を4秒間ONにすれば右に90度向きを変えることができるとすると，図のような動きはどうしたら実現できるだろうか。

長々とプログラムを書くこともできるが，5秒間前進と右90度ターンを4回繰り返すとこの動きを簡単に実現できることがわかる。「オートマ君」を使っ

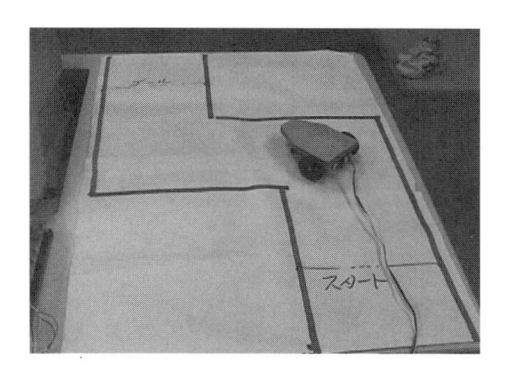

5. 制御・ネットワークの授業実践例

写真5-3 クランクコースを走り抜ける

た写真5-2のような車の制御ならば，生徒たちのほぼ全員がこのプログラムを完成させるまで，授業を始めてわずか2〜3時間しか必要としない。

BASICなどの汎用のコンピュータ言語を使ってこうした制御を学習させようとしたら，どれだけの時間と手間が必要かぜひ比べていただきたい。実際の制御を実現するまでに何十時間もの時間が必要だとしたら，多くの生徒たちが目的意識を失い，学習意欲が持続しなくなってしまうことを想像するのはむずかしくないだろう。

写真5-3のようなコースを走り抜けるプログラムや，車庫入れなどを自動で行うプログラムを完成させたところで，生徒たちには「オートマ君」の運転免許証を発行している。一つひとつのプログラムの完成を教師がチェックし，生徒用テキストに検印を押していくという作業も，生徒のやる気を喚起するためには大変有効である。

（4）プログラムの分担開発

実際に自分で作成したプログラムで車が動くという実感は，生徒たちのやる気を喚起する。さらにその中でも，クランクコースや車庫入れのプログラムを作成する中で何度も失敗を繰り返しながら，時間を修正してプログラムを完成させたことは，現実社会でソフトウェア開発に携わる人たちの姿を類推させるために欠かせない体験となる。

たとえば，炊飯器のソフトウェア開発は，ある番組（第5章第6節実践例26

参照）によると一機種当たり3トンの米を炊いて，理想的なお米の炊き方を極めているそうである。何度もご飯を炊きながら，プログラムが修正されていく。

　身のまわりにあるあらゆる機械に組み込まれたソフトウェアがこうしてさまざまな試行錯誤を経て開発されている。これは制御に限ったことではないだろう。インターネット上で使われているサーバやルータのためのソフトウェア開発も，こうした試行錯誤の繰り返しの結果生み出され，現在でもまだ多くの人の手で修正が繰り返されている。

　インターネットが普及して一番大きく変わったのは，働く人たちの姿であろう。本書にしても，日本全国の執筆者がそれぞれに書いた原稿を電子メールで送りあって編集した。商品の在庫情報，販売実績，設計図など，ありとあらゆるものがディジタル化され，インターネットなどを経て世界中の人々が仕事を分担しながら，協力して取り組むことはもはや珍しいことではない。

　ソフトウェアの開発でも同様である。あの有名なLinuxは，世界中の人たちの手で日々開発が進められている。「オートマ君」を使ったプログラミングの学習でも互いにプログラムを送信し合うことで，分担してプログラムを開発させることができる。

実践例19　「オートマ君」でドライブに出かけよう

■ 授業の流れ

　模造紙いっぱいの大きさに描かれた図5-6のようなドライブマップのプログラムを何人かのグループの生徒たちで分担し，それぞれにその部分のプログラムを作成させる。

　図5-7のように各自作ったそれぞれのプログラムを，1箇所に集める。このときに使うのが「オートマ君」のネットワーク機能である。インスタントメッセンジャーのように同じネットワーク上にある「オートマ君」同士でプログラムを互いに送信できる機能である。代表でAさんがプログラムを集めるとすると，Aさんは，送られてきたプログラムをそれぞれ作った人の名前で自分のパソコンに保存していく。送られてきたプログラムをもとに，Aさんは図5-8のようなプログラムを作成する。

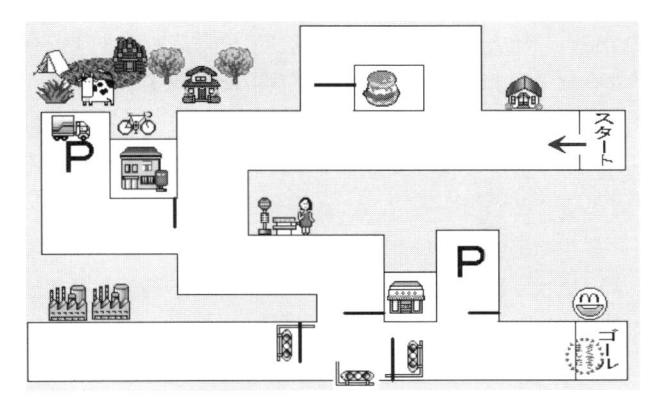

5. 制御・ネットワークの授業実践例

図5-6 ドライブマップ

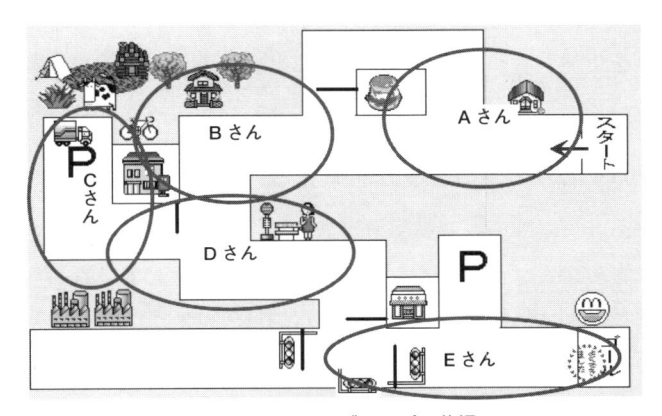

図5-7 ドライブマップの分担

```
1：マイ    Aさん
2：マイ    Bさん
3：マイ    Cさん
4：マイ    Dさん
5：マイ    Eさん
```

図5-8 マイ命令を使ったプログラム

マイ命令とは,「オートマ君」で保存したプログラムを1行の命令で呼び出すことができる命令である。大きなプログラムを作成する場合は,目的や機能ごとにプログラムの働きを分け,サブルーチンとしてそれぞれに分けて作成することがある。マイ命令を使うことでそれぞれに分担して作成したプログラムを一つにまとめることができる。

AさんからEさんまでの全員がきちんとそれぞれのプログラムを作成していれば,このプログラムを実行することで,スタートからゴールまでのすべての動きを実現することができる。

プログラミングの学習は,どうしても個別学習に陥りがちだが,プログラムを分担して作成するこの学習ならば,一連の動きを実現させるために互いに話し合いながら協力して学習に取り組ませることができる。個別に学習してきた知識や技能の上に,こうした分業を取り入れた学習を行うことで,これまでの学習の成果を生徒たちが互いに交流することができる。どんな学習でもそうだが一つの作品を協力して仕上げることはおもしろく,達成感も味わえる。

(5) 身のまわりのプログラムを考える

これまでの「オートマ君」の学習を通して,生徒たちは,試行錯誤をして目的の動きを実現するプログラムを開発する作業を体験している。プログラムが現実社会でどのように役立っているのかについては,意図的に授業で取り上げる必要があるだろう。

実践例 20 信号機のプログラムを開発しよう

■ 授業の流れと学習者のようす

「オートマ君」にはシミュレーション機能として,交差点信号機のシミュレーションがある。東西南北方向の単純な十字路をイメージしてほしい。その南北方向の信号機の青を出力1,黄を出力2,赤を出力3に割り振り,東西方向の信号機の青を出力4,黄を出力5,赤を出力6に割り振ったとき,「オートマ君」を使って,事故の起こらない交差点信号機のプログラムを開発する。図5-9はその交差点シミュレーションの画面である。

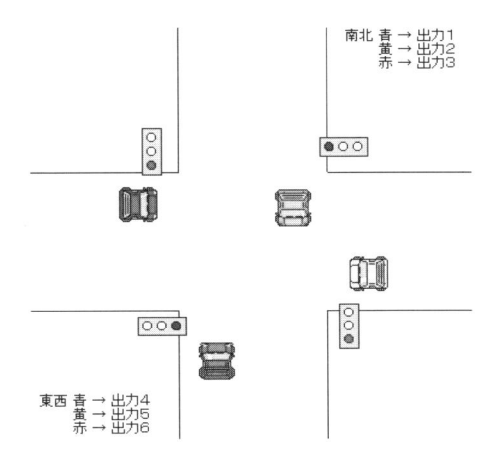

5. 制御・ネットワークの授業実践例

図5-9 交差点信号機のシミュレーション

表5-1 信号機の点滅パターン

①	南北方向（青）	東西方向（赤）	時間（10秒）
②	南北方向（黄）	東西方向（赤）	時間（ 2秒）
③	南北方向（赤）	東西方向（赤）	時間（ 1秒）
④	南北方向（赤）	東西方向（青）	時間（10秒）
⑤	南北方向（赤）	東西方向（黄）	時間（ 2秒）
⑥	南北方向（赤）	東西方向（赤）	時間（ 1秒）
①に戻る			

　簡単そうに思えるかもしれないが，意外にこれがむずかしい。わかりやすくするために生徒たちには，まず実際の信号機の点滅を観察させて表5-1のような表を作成させている。信号機を観察していると，両方の方向とも同時に赤の瞬間があることがわかる。そして当然だが片側に青や黄の信号が出ているときには，もう片側は必ず赤になっている。

　できたと思ったところで「オートマ君」のシミュレーション機能を動かす。すると画面に車が現れ，交差点の信号の点滅に従って走り出す。プログラムにミスがあると，青黄赤のすべての信号がついてしまったりする。南北，東西の両方向から車が交差点に進入するなどして事故が発生するというしかけである。

　プログラムはちょうど20行になり，意外に難解なものである。しかしそれ

でも早い生徒は10分程度で実際の交差点信号機と全く同じ点滅をさせるプログラムを作成してしまう。授業では彼らに先生役になってもらい，1時間の授業で全員が交差点信号機のプログラムを完成させることができるように配慮している。互いに教え合うことで，プログラミングに対する理解がより深まる。

そして，1時間の授業の最後に，現実の交差点の信号機をもう一度思い出させてみる。生徒たちが授業で扱った交差点の信号機は，南北，東西方向といった単純な交差点で，しかも車の信号だけをプログラミングしただけにすぎない。生徒たちにどんな信号機があるかをちょっとあげさせただけでも，交差点によっては時差式であったり，押しボタン式であったり，感応式であったりする。時間帯によって点滅間隔の異なるものもあり，さまざまな交差点信号機があることがわかる。生徒たちが苦労して開発した交差点信号機のプログラム以上にさらに厳しい条件のもとでプログラムが作られている。そして，そのプログラムには間違いが許されない。

自動販売機や駅の自動改札，銀行のATMや，コンビニのPOSシステムなど，身のまわりの機械の制御についてもぜひ取り上げたい。「オートマ君」のプログラムで実際に作ることはできないが，「オートマ君」を使ってさまざまな車の動きをプログラミングした後ならば，こうした現実社会で使われているさまざまなコンピュータ制御された機械の仕組みを類推させることができる。

必ずしもその制御の様子を正確に理解することはできなかったとしても，大まかにその機械が，コンピュータによってどのように制御されているのかは生徒たちでも十分に考えることができる。学習のまとめなどを利用してコンピュータが組み込まれている機械を書き出させてみたり，身近な機械の制御の様子を簡単なフローチャートで説明してみるのも効果的である。

（6）機器に組み込まれたコンピュータ

さまざまな機器に組み込まれているマイコンと呼ばれるコンピュータは，およそパソコンのイメージから想像することはできない。多くの場合いくら機械にマイコンが組み込まれていると言っても，今ひとつ実感がわかないというのが生徒たちの正直な感想なのではないだろうか。

そこで，マイコンがどんなものなのか具体的に目で見て調べる学習を展開す

5. 制御・ネットワークの授業実践例

るとおもしろい。どんな製品でもマイコンが組み込まれている機械には，基盤がついている。その基盤に取り付けられた黒い小さな四角い箱，それがマイコンである。授業で炊飯器や掃除機などさまざまな機械を分解して実際に取り出させることができるとなおすばらしい。

さらに，マイコンではないのだが，パソコンの心臓部であるCPUなどのチップを廃品のパソコンなどから入手し，何らかの方法で工夫してその黒いパッケージを破壊する。すると，破片の一部に目に見えないほど細かい配線が現れる。横から懐中電灯で光を当てながら顕微鏡でのぞくと，そこには髪の毛よりも何百倍，何千倍も細かな配線を見ることができる。写真5-4のように，その様子はまるで未来都市のようですらある（コンピュータではないが，チップの上に丸い窓のあるEP-ROMも観察しやすい）。もしこの配線1本を，1mmぐらいにしたとするとチップは学校の体育館や校庭ほどの広さになってしまうといった話をしながら，さまざまな機械に組み込まれたコンピュータをイメージさせることにしている。

ぜひ一度実際に自分の目で観察されることをお勧めしたい。半導体集積回路の技術のすごさを体感できる教材である。

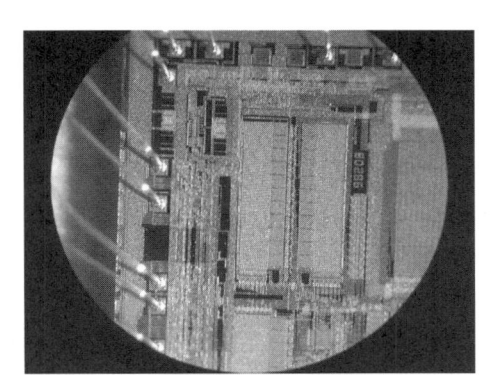

写真5-4 CPU80286

車を動かそう

課題 オートマ君で車の動きをプログラムしよう。

準備：出力ボードに車を接続して、正常に動くか確認しよう。

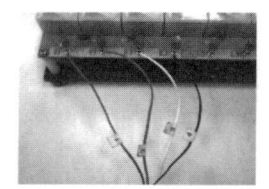

接続しよう！
番号を間違えないように、
出力ボードに車のコードを接続しましょう。
※金属と金属が接触していないと電気は流れませんよ！

試してみよう！
左下のプログラムをオートマ君に打ち込んで、プログラム通りに、動くことを確かめましょう。

```
1：出力  1  ON
2：時間  1  秒
3：出力  1  OFF
4：出力  2  ON
5：時間  1  秒
6：出力  2  OFF
7：出力  3  ON
8：時間  1  秒
9：出力  3  OFF
10：出力 4  ON
11：時間 1  秒
12：出力 4  OFF
13：飛べ 1  行へ
```

★1秒→0.2秒

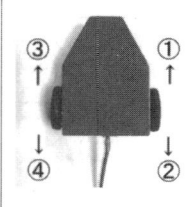

	車輪の動き		
出力1	右	車輪が	前進
出力2		車輪が	
出力3		車輪が	
出力4		車輪が	

※うまくいかない時は、配線をもう一度チェック！
※電池は入っている？ なくなっていないかな？
　または、アダプタコードが接続されているかな？
★動きの速い車の時には「★」印の秒数でやってみましょう！

トライ1 車を前進させるプログラムをつくろう。

前進させるには、①〜④のうち、
何番と何番を同時にONにする必要がありますか？　□番と□番

発注書
車を正確に10秒間だけ前進させるプログラムを開発してください。
同時に10秒間後退するプログラムも開発をお願いします。

★10秒→2秒

10秒前進
1：
2：
3：
4：
5：

10秒後退
1：
2：
3：
4：
5：

図5-10 「車を動かそう」

出典：技術教育研究会編『自動化からはじめるコンピュータ学習——Windows版オートマ君で自動機械の世界を歩こう（改訂版）』（コンピュータでひらくものづくりの技術下巻），2003.

5. 制御・ネットワークの授業実践例

トライ2 車をジグザグ運転する

ジグザグ運転は、交互にON、OFFを繰り返すことで実現できます。

発 注 書

左右の車輪を交互に1秒づつ前進させて、ジグザグ運転するプログラムを開発してください。後退のジグザグ運転のプログラムもお願いします。
できるだけ短くつくってください。ESCを押すまで止まらないようにお願いします。

★1秒→0.2秒

前進のジグザグ
1：
2：
3：
4：
5：
6：
7：

後退のジグザグ
1：
2：
3：
4：
5：
6：
7：

トライ3 自由に向き変えるプログラムをつくる。

車の向きを右に変えるには、右の3つの方法があります。

発 注 書

右に90°ターンした後に、左に90°ターンするプログラムを、3種類開発してください。
プログラム実行前と、実行後の車の位置が変わらないようにしてください。

左車輪のみ　　　右車輪のみ　　　左右車輪同時に

その1
1：
2：
3：
4：
5：
6：

その2
1：
2：
3：
4：
5：
6：

その3
1：
2：
3：
4：
5：
6：
7：
8：
9：
10：

Ⓒ技術教育研究会

図5-10　（つづき）

オートマ君の運転免許を取ろう

課題 目的に応じて車を自動化するプログラムを開発しよう。

トライ1 決められた動きを実現するプログラムをつくる。

検定1
右の図のように車が正方形を描くように動いて止まるプログラムを開発してください。できるだけ短くお願いします。
曲がり方はおまかせします。

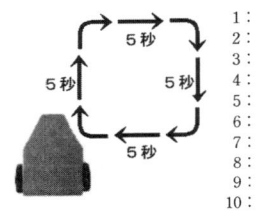

★5秒→1秒

1：
2：
3：
4：
5：
6：
7：
8：
9：
10：

トライ2 クランクコースを走るプログラムを開発しよう。

検定2
下図のようなクランクコースを走り抜けるプログラムを開発してください。線を踏まないようにお願いします。
逆にバックでゴールからスタートに戻るプログラムも開発してください。

★前進で走り抜ける

1：	11：
2：	12：
3：	13：
4：	14：
5：	15：
6：	16：
7：	17：
8：	18：
9：	19：
10：	20：

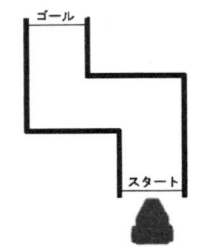

★バックで戻るプログラム

1：	11：
2：	12：
3：	13：
4：	14：
5：	15：
6：	16：
7：	17：
8：	18：
9：	19：
10：	20：

図5-11 「オートマ君の運転免許を取ろう」

出典：技術教育研究会編『自動化からはじめるコンピュータ学習——Windows版オートマ君で自動機械の世界を歩こう（改訂版）』（コンピュータでひらくものづくりの技術下巻），2003.

トライ3 車庫入れをするプログラムを開発しよう。

検定3

下図のようなコースにある車庫に車を入れるプログラムを開発してください。車庫にはバックで入るようにしてください。線を踏まないようにお願いします。
逆に車庫から出て、スタートラインを走り抜ける外出用のプログラムも開発してください。

★車庫入れ
1：	11：
2：	12：
3：	13：
4：	14：
5：	15：
6：	16：
7：	17：
8：	18：
9：	19：
10：	20：

★外出用のプログラム
1：	11：
2：	12：
3：	13：
4：	14：
5：	15：
6：	16：
7：	17：
8：	18：
9：	19：
10：	20：

オートマ君運転免許証

　　　　　　殿　貴方は、オートマ君教習所の所定の検定に合格しました。
　　　　　　　　　　　　　　　　　　　　　　　　　　　　担　当　印

発展　空き缶の間をすり抜けるプログラム

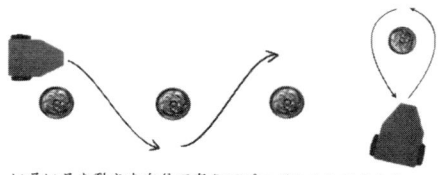

いろいろな動きを自分で考えてプログラムしてみよう。

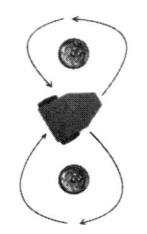

Ⓒ技術教育研究会

図5-11　（つづき）

オートマ君でドライブに出かけよう

課題 グループで協力して長いプログラムを開発しよう。

オートマ君の免許を取得したらドライブに出かけよう。模造紙大に拡大した地図の上で車を走らせます。ゴールまで走らせるには大きなプログラムになるのでグループを作り協力して作ります。さあ、どんなコースでドライブしますか？

トライ1 プログラムの作成をグループのメンバーで分担しよう。

ドライブマップをどのようなコースで移動するか考え、グループ内で分担しよう。

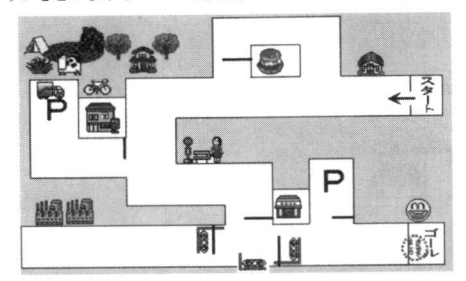

コースの説明	自分の担当部分

トライ2 自分の担当部分のプログラムを作成しよう。

1：　　　　　　　　　11：
2：　　　　　　　　　12：
3：　　　　　　　　　13：
4：　　　　　　　　　14：
5：　　　　　　　　　15：
6：　　　　　　　　　16：
7：　　　　　　　　　17：
8：　　　　　　　　　18：
9：　　　　　　　　　19：
10：　　　　　　　　20：

ファイル名

図5-12 「オートマ君でドライブに出かけよう」

出典：技術教育研究会編『自動化からはじめるコンピュータ学習――Windows版オートマ君で自動機械の世界を歩こう（改訂版）』（コンピュータでひらくものづくりの技術下巻），2003．

5. 制御・ネットワークの授業実践例

トライ3 プログラムを送信しよう。

プログラムを相手のパソコンに転送しましょう。

- **手順1** Shift＋F3 ネットワーク または画面右上の実行(R) ネットワークを選択する。
- **手順2** 送信ウィンドウが現れる。接続中のコンピュータの中から送信する相手（グループで決めておく）を選ぶ。
- **手順3** コメントを入力する画面が現れるので、必要があれば入力し OK を押す。

受信したプログラムは保存しておきましょう。
（ネットワークドライブは不可）。

送信ウインドウ

コメント入力画面

トライ4 プログラムをまとめよう。

マイ命令を使ってプログラムをまとめます。

- **手順1** オートマ君画面のShift＋F1 マイ を押す（画面右上の編集(E)ボタンを押し、メニューからも選択できる）。
- **手順2** ファイル選択画面が開くのでプログラムファイルを選択する。
- **手順3** 選択したプログラムが「マイ命令」＋「プログラム名」の形で1行に表示される。
- **手順4** 同様に必要なプログラムをマイ命令でつなぎひとつにまとめる。
- **手順5** プログラムとプログラムがうまくつながらない場合は、F8 修正 ボタンやShift＋F7 挿入 ボタンを使い調整する。

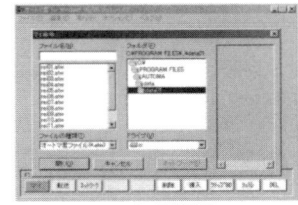

ファイル選択画面

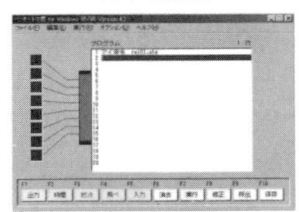

マイ命令の例

トライ5 コースを走破しよう。

マイ命令で各自が作り上げたプログラムを組み合わせ、ゴールまで走破しましょう。

※道路幅が狭い場合は、片方の車輪が道路上にあれば良いこととします。
※車の特性や電池の消耗度により動きが多少ずれる場合があります。
※自分の分担箇所にくる前にずれてしまった場合は、自分の分担のスタート場所に手で移動しプログラムの確認をしましょう。

©技術教育研究会

図5-12 （つづき）

信号機のプログラムを開発しよう

課題 交差点信号機のプログラムを開発しよう。

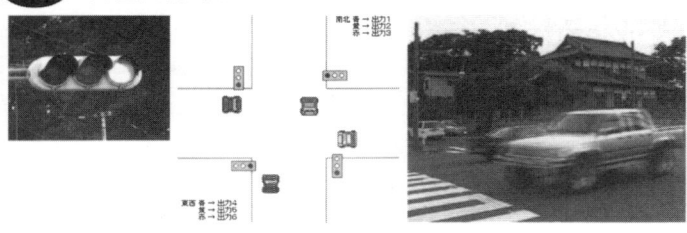

発　注　書　（大至急）

南北方向の道と、東西方向の道が交わる交差点があります。この交差点に信号機を設置しようと思います。その信号機のプログラムをオートマ君で開発してください。

条件： 南北方向信号機　　青信号　　（出力1）
　　　　　　　　　　　　黄色信号　（出力2）
　　　　　　　　　　　　赤信号　　（出力3）

　　　　東西方向信号機　　青信号　　（出力4）
　　　　　　　　　　　　黄色信号　（出力5）
　　　　　　　　　　　　赤信号　　（出力6）

※ 南北、東西方向とも青信号は5秒間、黄色信号は1秒間です。
※ 事故が起こらない交差点になるように工夫をお願いします。
※ 1時間以内に開発完了してください。

トライ1 ビデオなどで実物の信号機を観察して働きを調べよう

① 南北方向（　青　）　東西方向（　赤　）　時間（　　5秒）
② 南北方向（　　　）　東西方向（　　　）　時間（　　　秒）
③ 南北方向（　　　）　東西方向（　　　）　時間（　　　秒）
④ 南北方向（　　　）　東西方向（　　　）　時間（　　　秒）
⑤ 南北方向（　　　）　東西方向（　　　）　時間（　　　秒）
⑥ 南北方向（　　　）　東西方向（　　　）　時間（　　　秒）
①に戻る

トライ2 プログラムをつくり、シミュレーション機能を使って確かめよう。

●実行 → 交差点信号機（信号機に応じて車が走ります）

（チェックリスト）（もし事故が起こったら、あなたの責任ですよ。）

☐ シミュレーションで車は事故を起こしませんでしたか？
☐ 南北、東西が同時に赤信号になる時間は設定してありますか？
☐ 途中で止まることは決してありませんか？

図5-13 「信号機のプログラムを開発しよう」

出典：技術教育研究会編『自動化からはじめるコンピュータ学習——Windows版オートマ君で自動機械の世界を歩こう（改訂版）』（コンピュータでひらくものづくりの技術下巻），2003．

トライ3　プログラム開発完了通知書に記入しましょう。

プログラムのコメントには、それぞれの時間の時何信号なのかなど、発注者によくわかるようにプログラムの説明を書き込んでください。

プログラム開発完了通知書

下記のプログラムで交差点信号機を制御することができます。
下記プログラムの動作を保証します。　　氏名　　　　　　　　　印

交差点信号機を制御するためのプログラム	プログラムのコメント
1：	
2：	
3：	
4：	
5：	
6：	
7：	
8：	
9：	
10：	
11：	
12：	
13：	
14：	
15：	
16：	
17：	
18：	
19：	
20：	

トライ4　プログラムの修正の依頼

しばらく開発したプログラムで交差点信号機を動かしていましたが、いつも東西方向だけが渋滞するようになってしまいました。東西方向の青信号の時間を2倍にしたいと依頼がありました。この下のプログラム修正依頼書を書いて下さい。

プログラム修正依頼書

先日開発したプログラムの　□　行目を　□　に変更してください。

開発責任者　氏名

トライ5　実際の信号機のプログラムの工夫を調べよう。

学校に登校する途中に、交差点を通る人はいませんか。一度その信号機を観察してみてください。もし、交通量の多い交差点なら、朝夕のラッシュの時間と、昼では信号の点滅間隔が違う交差点も多いはずです。「感応式」という札のついた信号機を通ってくる人もいるのではないでしょうか。この信号機では、センサーで車を感知して自動的に信号を切り替えています。まだまだすごい信号機があります。ぜひ調べてみてください。

Ⓒ技術教育研究会

図5-13　（つづき）

2．ドリトルを使ったロボット制御

　本実践は，「情報B」の内容の柱である「情報社会を支える情報技術」の項目「情報通信と計測・制御の技術」に位置づく内容であり，加えて「コンピュータの仕組みと働き」の項目「コンピュータにおける情報の処理」にも対応する内容である。本実践は，生徒が興味をもちやすいロボットを対象に，ロボット制御のプログラム開発と交換を体験的に学ぶことによって，計測・制御の技術におけるプログラムの役割とコンピュータおよび情報通信ネットワークの仕組みを理解することを目指している。

　「情報とコンピュータ」という内容を，技術科の授業としてどのように展開していくのか考えたとき，アプリケーションソフトの使い方やウェブページの作り方，何らかのプレゼンテーション授業を行うことも一案である。しかし操作方法が主となり，肝心の発信したり公開する内容が貧弱になってしまう危険性もある。コンピュータがネットワーク化して，さまざまな機関や人とつながるようになったことの意味やその効果を教えるためには，コンピュータの通信と制御という側面を中心に授業を構成することが大切である。なぜならば，インターネットによる情報交換ももとはと言えば，通信機器の発達によるところが多く，コンピュータの発達と共に，通信する情報の形がアナログな音声や映像からディジタルなデータやプログラムに変わってきたととらえることができるからである。また，プログラムやデータの転送は，身近な電気製品にも応用されており，テレビやビデオのリモコンをはじめ，マイコン装備の機器すべてに及ぶものである。そこで，プログラムやデータの転送について体験的に学習することができれば，コンピュータネットーワークやコンピュータの働きについて理解しやすくなるであろう。さらに，その学習後にインターネットやメールといった手段を使い，自分の作ったプログラムを公開したり，交換したりする学習が展開できれば，ITの疑似体験もできるであろう。

　ここでは，中学校技術科「情報とコンピュータ」の授業に，自立型ロボットを作り，プログラムの転送と機器の制御を体験的に学べる内容を取り入れた例を紹介する。

　それによって生徒が，プログラムを作ることやプログラムをロボットに転送

5. 制御・ネットワークの授業実践例

し制御することに無理なく取り組めることがわかった。さらに，生徒の学習意欲を高めることができるので，インターネットを使った学習にも大きく効果をもたらすと考えている。ここに紹介するのは，自立型ロボットを使ってプログラムを転送し制御する授業実践と生徒の授業後の感想である。

実践例 21　「ドリトル」によるロボット制御

■ 教　材

　授業では，自作したロボットをオブジェクト指向言語「ドリトル」で制御するという内容で実施した。「ドリトル」*（http://www.logob.com/dolittle/）は，兼宗進氏が作成したフリーソフトである。ロボットの製作では，プログラムを受け，モータを制御する基板として「logob.com maruki」を使用した。写真5-5は，その基盤の写真である。

　「ドリトル」は，簡単な日本語で命令できるオブジェクト指向のプログラミングソフトである。画面中央に現れるタートルオブジェクトに命令を与えて，画面上に絵を描いたり，複数のオブジェクトを別々なプログラムで動かすことができる。また，ネットワークサーバを通じてオブジェクトの交換もできる。プログラミング言語が日本語であるため，大半の生徒は抵抗なくプログラミン

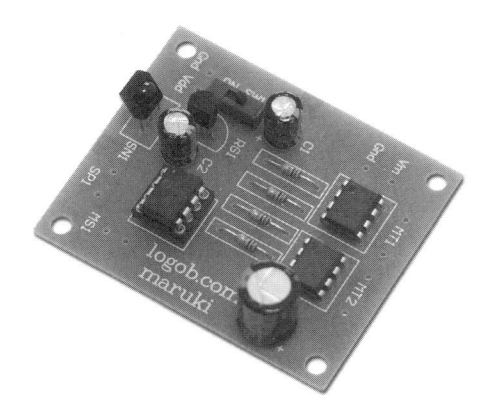

写真 5-5　自立型ロボット用基盤

---

*　ドリトル開発チーム「プログラミング言語「ドリトル」」http://www.logob.com/dolittle/

写真5-6　使用したインタフェース　　　　図5-14　ドリトルの画面

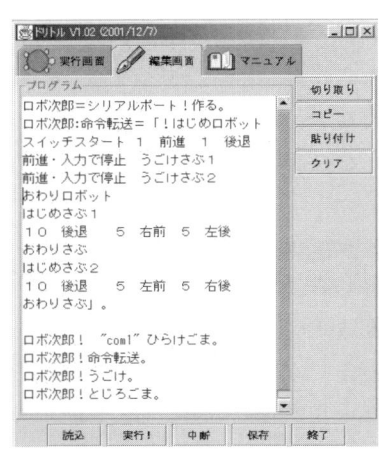

グ学習に取り組むことができる。
　プログラムは，パソコンにつなげたインタフェースを用い赤外線で転送する。写真5-6は使用したインタフェースの写真である。
　ロボットは，プログラムを受け取り，2個のモータを制御するものである。49個の命令まで受け取り記憶することができ，サブルーチンも載せることができる。図5-14はプログラムの例である。
　このロボット用基盤は，平成12年度通産省IPA事業の一環として兼宗氏がドリトルの開発とともに設計・製作したものである。ロボットを動かすための命令は表5-2に示すとおりである。

■授業の流れ
　ドリトルによるプログラミング学習（6時間）を終えた後，ロボット作り（10時間）に入った。その後，ロボットのプログラミングの授業に移った。「プログラミングの授業」「ロボット作りの授業」「自作したロボットの制御の授業」というように，プログラミングとものづくりを融合させた形の授業を展開した。ロボットの制御には生徒に簡単な迷路を与え，スタート地点からゴール地点まで正確に移動するプログラム作りをするように指示した。写真5-7は生徒に課題として与えた迷路である。

表5-2 命令一覧

命　令	動　作
ひらけごま	シリアルポートを使えるようにする "com1" ひらけごま "COM2" ひらけごま （"　"内は大文字でも可。半角英数で打ち込む）
とじろごま	シリアルポートを使えないように閉じる。ドリトルのプログラムを終了させるときは，必ず実行する
左前	左タイヤを前転。引数は，0.1秒×数字時間 　　10　左前　　（1秒間　左タイヤを前転）
前進	両タイヤを前転。　　　10　　前進
右前	右タイヤを前転。　　　10　　右前
左後	左タイヤを後転。　　　10　　左後
後退	両タイヤを後転。　　　10　　後退
右後	右タイヤを後転。　　　10　　右後
はじめロボット	ロボットに伝えるプログラムの最初に置く 「今から命令を転送するよ」と伝える命令
おわりロボット	ロボットに伝えるプログラム（メインルーチン）の終わりに置く
前進・入力で停止	センサスイッチが押されるまで，前進命令を続ける ロボットが壁にぶつかったかどうかを判定するとき使う
うごけ	転送したプログラムを実行させる命令
はじめさぶ1	サブルーチンプログラム1の開始を伝える命令
はじめさぶ2	サブルーチンプログラム2の開始を伝える命令
うごけさぶ1	サブルーチンプログラム1の実行を伝える命令
うごけさぶ2	サブルーチンプログラム2の実行を伝える命令
おわりさぶ	サブーチンプログラムの終わりに置く
スイッチスタート	転送したプログラムをセンサスイッチを押すことにより開始できる
ここからずっと繰り返し	エンドレスな繰り返しをさせるための命令 　繰り返したいプログラムの前に置く
ここまでずっと繰り返し	エンドレスな繰り返しをさせるための命令 　繰り返したいプログラムの終わりに置く
回数繰り返しA	回数を指定して繰り返し
ここまで繰り返しA	繰り返したいプログラムの終わりに置く「回数繰り返しA」と共に使う プログラムの中で繰り返しはA～Cの3個まで使用可

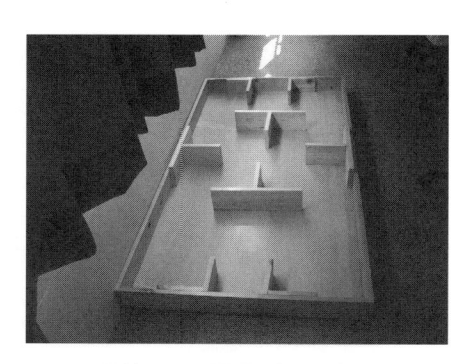

写真 5-7　課題に出した迷路

■ 学習者のようす

　ロボット制御の授業を終えた生徒に授業の感想を書いてもらった。その中からいくつか紹介する。

　「自分が作ったロボットが自分が命令するように動いてくれるので，うれしかった。ロボットへの命令は適当じゃなくて，頭を使わなくてはいけないので，けっこう難しいけどロボットがゴールについた時は，本当にうれしい。思ったようにロボットが動かなかった時は，どこが間違っているのかとかどうすればよくなるかと考え込んでしまった。何時間も続けて追求しながらやりたかった。3学期は迷路がもっとむずかしくなるらしいけど，絶対にゴールしたい」

　「最新のロボット技術を学ぶことができて，とてもうれしかった。プログラムは難しいけれども，できた時はとてもうれしかった。この勉強をしたら，AIもそんなに先の話でもないのではないかと思った」

　「ロボットが少し狂っても，プログラムでその動きを修正できるなんて，とても驚いた。アイボなどの技術もこれを使っていると思うから，やっぱすごいと思う。世界のいろいろなものの基礎が今ぼくらがやっているプログラミングだと思った」

　その他の生徒の感想でも，「プログラムは大変だ」とか「むずかしい」と書いた生徒が多くいたが，その取り組みについては「楽しい・おもしろい」と書いた生徒が約半数いた。また，感想文の中で，プログラムについて書いた生徒は，その取り組みが「楽しい・おもしろい」と書いた生徒が多かった。生徒の感想は全体的に意欲的に取り組んだようすがうかがえるものが多く，自立型ロボットを使ったプログラミング学習は生徒の学習意欲を高めたと言える。

　写真5-8は，ロボット製作中の生徒の様子である。写真5-9は，インタフェ

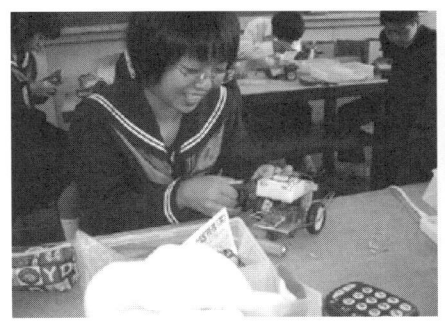

5. 制御・ネットワークの授業実践例

写真5-8 ロボット製作中の生徒

写真5-9 命令を転送しているところ

（a）授業中の生徒

（b）生徒作品1

（c）生徒作品2

（d）迷路の課題に取り組む生徒

写真5-10 生徒作品と授業風景

ースでロボットにプログラムを転送しているところである。

■ 今後の課題

自立型ロボットの制御の学習はプログラミング学習には大きな効果を生むと考えられる。また，生徒はプログラムを転送するということに関して大きな抵抗もなく受け入れていることもわかった。それは，自作したロボットを自らのプログラムで動かすという体験が，生徒にとって初めての経験であるにもかかわらず，興味・関心を引き出したからである。また，ロボットが自分が思ったとおり動かなかった原因がプログラムにあるのか，自作したロボットにあるのか，自ら考えながら課題追究ができることも，学習意欲を高めたと思われる。

しかし，まだ授業は完成したわけではない。データやプログラムの転送という考え方を，インターネットなどの情報通信の授業にまで展開できるように構成する必要がある。また，オブジェクト指向言語「ドリトル」の画面上で作るオブジェクトと自作したロボットも同じオブジェクトであるという発想でロボットの動きをシミュレーション化する授業も作っていきたい。さらに，転送プログラムをネットワーク上で交換できれば，制御プログラムの共同作業的な学習にも発展できる。写真5-10は，授業のようすと生徒が作ったロボットである。

3. ネットワーク下のロボット開発による情報技術実践

本実践は，前節に報告した「ドリトル」によるロボット制御実践の発展編にあたる。実践は，「ドリトル」を用いて作成したプログラムをネットワーク上に登録することによって他者のプログラムの中でオブジェクトとして活用するプロジェクト，すなわちIT下のプログラム共同開発の疑似体験を用意することによって，情報技術に対する理解を深めると共に，情報技術の役割に対する理解についても実感豊かなものにすることを目指している。本実践によって，「情報B」の内容の柱である「情報社会を支える情報技術」と，「コンピュータの仕組みと働き」の学習が豊かなものになることが期待される。

（1）時代が変わっても変わらないことを教えたい

技術科の授業の中で「情報とコンピュータ」の授業が始まり，さまざまな実践報告がなされている。しかし，携帯電話によるメールのやり取りやインター

ネットを使った検索・調べ学習が日常化されてきた今日，ウェブページ作りやプレゼンテーション資料作りのような授業を中心に展開してよいものか疑問に感じる。その理由として，授業を受ける生徒は，他人に知ってもらいたい情報がないところで，それらの教材を学習しても操作方法を学習することが主たる目的になってしまい，本当の意味での情報の学習にはなり得ない（総合的な学習や，社会科の授業実践等で積極的に使用するときには，情報検索やプレゼンテーション等に大変意味があり有意義な学習展開ができる）。また，この操作方法の学習も10年後そのまま生きるとは考えにくい。その証拠に，10年以上前に学習したMS-DOSのコマンドなど，今のパソコンではほとんど使用しなくなっている。

　生徒たちが社会人として成長していく中で，生きる力を育てるには，コンピュータに関する変わらない原理を伝えることが必要である。そこで，コンピュータが作られた当初から現在まで，変わることのなかった原理はコンピュータはプログラムで動いているということである。このことは，今後10年以上は変わらないであろう。また，多くの電化製品や自動車をはじめとする機械にはコンピュータ組み込まれている。これもまた，今後も変わらないと思われる。そして，ネットワークを使って情報を交換することも，今後ますます発展していくことが予想される。

　以上あげた「プログラミング」と「制御」と「ネットワーク」の三つを利用した授業ができれば，情報機器としての操作学習に終始せず，自らの考えや工夫が反映できる実感を伴った授業ができる。さらに，自分で作ったプログラムを公開したり，他人が作ったプログラムをネットワーク上で利用できることが可能になれば，著作権の問題やネチケットも体験的に伝えることができる。自分が作ったプログラムならば，公開して使ってもらいたいと思う気持ちも自然にわいてくるので，プレゼンテーションしたりウェブページを作って紹介することにも意味が出てくる。ここでは，ネットワークを利用したプログラミングと制御授業の構想を紹介したい。

（2）なぜオブジェクト指向言語ドリトルか
——IT時代の教育用プログラミング学習言語——

　プログラミングを生徒に教えたいと願いつつも，いきなり難しい言語を学習することは不可能である。そこで，教育現場では，BASICやLOGOが使われてきた。BASICやLOGOでもプログラミングの学習ができるが，ITの時代にふさわしいプログラミング言語かというと疑問が残る。

　現在Windows上で動作するワープロソフトなどは，100万行を超えるプログラムで作られていると言われている。それらのプログラムをたった一人で作ることは不可能である。そのため現在は，分業してプログラムを作っている。ITによりデータやプログラムの受け渡しが自由にできる今日，分業してプログラムを作ることは能率や効率を考えた場合当然のことである。

　BASICのように全体で一つのプログラムを構成する考え方は，分業でプログラム作り（ソフトウェア作り）をする現代には向かない言語である。

　LOGOは，プログラムの流れを分割して作る構造化言語である。LOGOは日本語が使えて，短いプログラムをいくつも手順という形で作り，それらをまとめて順番に実行していくので理解しやすい。しかし，分業でプログラム作りをすることには向かない言語である。

　生徒たちがプログラミングで学習できる要素は，プログラム処理の「順次」「繰り返し」「条件判断」である。そのいずれもが，BASICやLOGOでも十分学習できる。しかし，ITの時代では，プログラミングの考え方として，プログラムやデータを交換し，分業してプログラム作りをするという基本姿勢を学んでおくことは，ネットワークに参加する態度の育成につながる。そこで，プログラムの流れやデータを分割して作ることができるオブジェクト指向言語を生徒たちに触れさせておくことは大変意味がある。

　オブジェクト指向のプログラミング言語としては，JavaやC++などの言語がある。それらの言語を教材として，中学生や高校生が学習することは難しすぎる。しかし，「ドリトル」はオブジェクト指向であり，画面上に作ったオブジェクトに話しかけるようにプログラムを作ることができる。そのため初めてプログラミングを習う生徒たちにとって大変学習しやすいものである。さらに，

5. 制御・ネットワークの授業実践例

自立型ロボットの制御と結びつければ，画面のオブジェクト同様に自立型ロボットもオブジェクトととらえ，プログラミング学習の延長として制御学習ができる。

また，ネットワークを通じて自分が作ったオブジェクトを登録したり，共有したりすることが可能なため，ネットワーク利用の学習もプログラミング学習を通じて体験的に学ぶことができる。

実践例 22　オブジェクト指向のプログラムを作ろう

■ 教　材

ドリトルは，文法が簡潔で，命令語や変数名が日本語で記述できるようになっている。また，画面上のオブジェクトに話しかけるように命令できる。さらに，プログラム特有のクラス定義，データ型等のむずかしい概念を省いてあるので，生徒に教えるときも前置きの説明が少なくてすむ。また，ドリトルは，Javaで作られているのでどんなOS（Windows，Mac，Linux等）でも稼働させることができるという特長もある。

まとめると，ドリトルには，以下の特長がある。

① 簡単な日本語でプログラムが作れる。
② オブジェクトを簡単に複数作れる。
③ オブジェクト同士の衝突検知プログラムが簡単にできる。
④ オブジェクトごと命令を作るので，自然にオブジェクト指向の意味が理解できる。

■ 授業の流れ

① タートルを動かすプログラムを作る

　　カメ太=タートル!作る。
　　カメ太!100 歩く 120 右回り 100 歩く 閉じる。
　　三角形=カメ太!図形にする（赤）塗る。
　　時計=タイマー!作る 1秒 間隔 10秒 時間。
　　時計!「!36 右回り」実行。

①を実行すると，図5-15のように画面上のタートルが作った赤い三角形が回転を始める。タートルだけが動くのではなく，タートルが作った図形もオブ

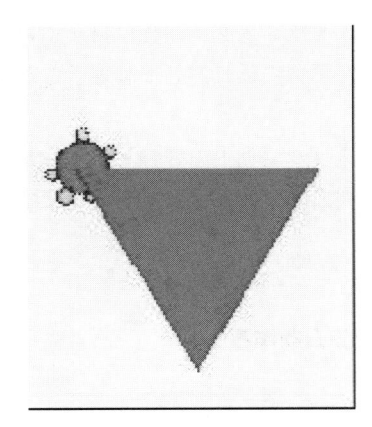

図5-15　①の実行画面　　　　図5-16　②の実行画面

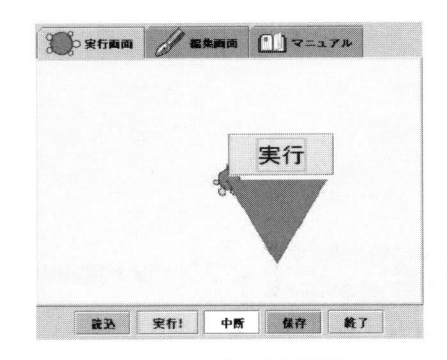

ジェクトになり，プログラムに従って動くようになるのである。
　② 実行ボタンを作る
　　　　カメ太＝タートル!作る。
　　　　カメ太!100 歩く 120 右回り 100 歩く 閉じる。
　　　　三角形＝カメ太!図形にする（赤）塗る。
　　　　時計＝タイマー!作る 1秒 間隔 10秒 時間。
　　　　三角形:ぐるぐる＝「|x| 時計! 「!(x)右回り」 実行」。
　　　　実行ボタン＝ボタン!"実行" 作る。
　　　　実行ボタン:動作＝「三角形!36 ぐるぐる」。
　②を実行すると，図5-16に示した画面上の「実行ボタン」をクリックすることによりプログラムが動き始める。
　①でタートルが作った三角形がオブジェクトになったが，それに加えて実行ボタンがオブジェクトとして加わり，それぞれが関連をもちながら独自のプログラムとして作られ実行できるのである。
　③ 衝突検知プログラムを作る
　次に示すプログラムでは，オブジェクト同士の衝突検知がたった1行のプログラムでできてしまう例である。図5-17に示したのはその実行画面である。
　　　　// 壁を描く
　　　　カメゾウ＝タートル!作る。
　　　　カメゾウ:長方形＝「|x y| 「!(x)歩く 90 右回り (y)歩く 90 右回り」!2回繰

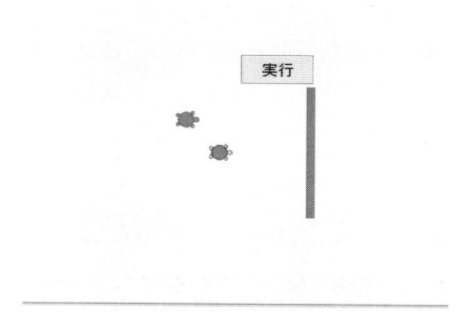

図5-17 ③の実行画面

り返す。」。
壁＝カメゾウ!10 200 長方形 図形にする。
壁!100 100 移動する（赤）塗る。
カメゾウ!ペンなし 30 戻る。
// カメゾウに衝突を定義し，カメ子に継承する
カメゾウ:衝突＝「!5 戻る 160 右回り。」。
カメ子＝カメゾウ!作る －50 50 移動する "ayumiAka.gif" 変身する。
全員＝配列!作る（カメゾウ）入れる（カメ子）入れる。
// ボタンを押して実行する
時間1＝タイマー!作る 0.1秒 間隔 10秒 時間。
実行ボタン＝ボタン!"実行" 作る 0 100 移動する。
実行ボタン:動作＝「時間1!「全員!「!3 歩く」それぞれ実行」実行」。

（3）ネットワークを使ったオブジェクトの共有

　パソコンが学校に導入され始めた頃，パソコンに向かって一人ひとりが学習できるので，今までの一斉授業と異なり生徒個々のペースに合わせた学習ができると思っていた。プログラミング学習もそれぞれ生徒が個々ばらばらに自分だけのプログラムを作ることができ，個性を生かした学習ができたと感じていた。しかし，パソコンがネットワークでつながり情報やデータのやり取りが自由にできるようになってくると，そうとばかり言えなくなってきた。なぜなら，インターネットが普及し始めてから，パソコンそのものが単体では，情報機器として十分な能力を発揮できないばかりか，ネットワークでつながることによ

りますます発展する機器になったからである。

ドリトルではプログラムの分散共有ができる機能があるため，生徒たちが作ったオブジェクトをネットワーク上で共有したり複製できるというオブジェクト指向ならではの機能を備えている。ここでは，ドリトルのサーバ機能について紹介する。

実践例23　サーバ機能を用いてプログラムを共有する

■ 授業の流れ

図5-18は，オブジェクトをオブジェクトサーバに登録し，その登録したオブジェクトを別なユーザが複製（コピー）して使うという形の概念図である。このとき，オブジェクトサーバは自分のパソコンでなくてもよく，ネットワークにつながったパソコンでドリトルの中のオブジェクトサーバを起動しておくだけでオブジェクトの「登録」「複製」ができる。

図5-19は，オブジェクトの共有を表した概念図である。オブジェクトサーバを通じてオブジェクトを共有できるため，一人が作ったオブジェクトを他のオブジェクトサーバを通じて，他のパソコン画面でリアルタイムで実行できるというものである。

＜プログラム例＞
　　//プログラム1
　　サーバー!"192.168.03"接続。

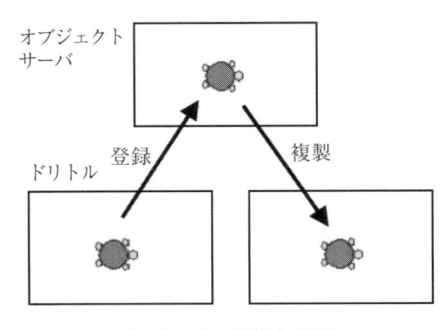

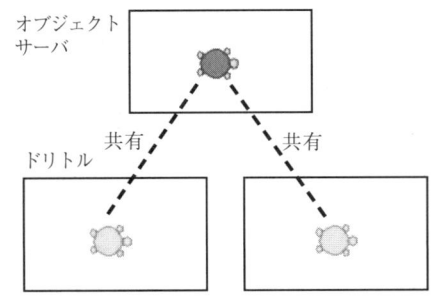

図5-18　登録と複製　　　　図5-19　オブジェクト共有

5. 制御・ネットワークの授業実践例

```
b=タートル!作る。
パドル=「b!20 歩く 90 右回り 100 歩く 90 右回り」!2回 繰り返す 図形にする (赤) 塗る －200 0 移動する。
b!ペンなし 160 戻る ペンあり。
サーバー!"ball" (b) 登録。b!消える。
ボール=サーバー!"ball"共有。
ボール:衝突=「!180 右回り」。
時計=タイマー!作る「ボール!15 歩く」実行。


//プログラム2
サーバー!"192.168.0.3"接続。
b=タートル!作る。
パドル=「b!20 歩く 90 右回り 100 歩く 90 右回り」!2回 繰り返す 図形にする (赤) 塗る 200 0 移動する。
b!消える。
ボール=サーバー!"ball"共有。
```

オブジェクトサーバのIPアドレスが"192.168.0.3"の場合の例であるが，プログラム1で作られたオブジェクトがプログラム2で作られた赤い壁のオブジェクトにぶつかり跳ね返るというものである。このとき，オブジェクトサーバの画面には共有されているオブジェクトの動きがモニタされているため，図5-20のような画面が見える。図5-21と図5-22はプログラム1とプログラム2の実行画面である。

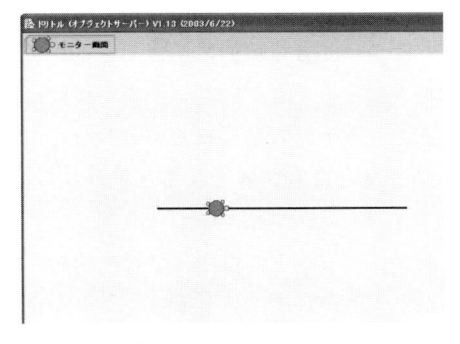

図5-20　モニタ画面

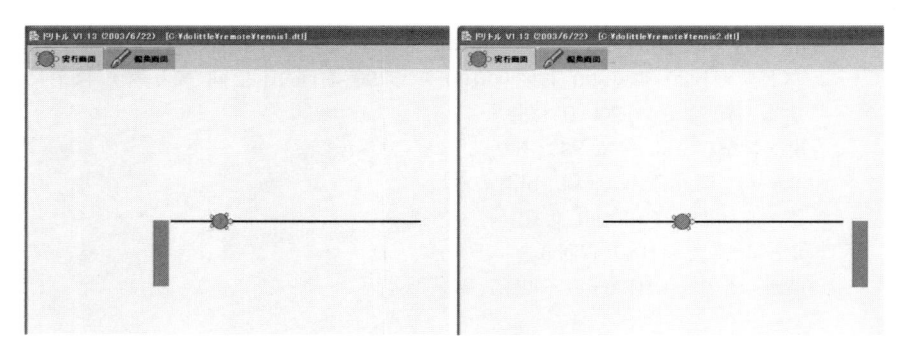

図5-21 プログラム1実行画面　　　図5-22 プログラム2実行画面

（4）オブジェクトバンク構想
――プログラミング学習からネットワーク学習へ――

　このように，「ドリトル」を使うことで，個々ばらばらに行うプログラミングから，ネットワークを通じてオブジェクトを登録・複製・共有できる，協力しながら学習できるものに変えることができる。さらに，校内LANの中だけでなくインターネット上にオブジェクトサーバを置けば，インターネットを介してオブジェクトの登録・複製・共有ができることになる。

　これは，自作したプログラムを介して，他人のプログラムを使い，さらに自分のプログラムを改良し，それを同時にネットワーク上で公開できる。したがって，自作したプログラムが他人に使用されることを前提に公開するので，著作権の問題や他人のプログラムを使用する場合必ず許可を得るというネット上の常識（ネチケット）についても体験的に学習できる。また，自作したプログラムをなるべく多くの人に知ってもらいたい，使われたいという欲求も生徒の中に自然とわいてくることも十分考えられる。そのため，プレゼンテーションやウェブページでの紹介などにも発展できると思われる。これは，生きたITの体験的学習になる。

　オブジェクトをインターネット上で自由に登録・共有・複製できるオブジェクトバンクなるものができ上がれば，ネットワークを介した情報の授業が展開できる。制御に関しても同じことが言える。ロボットを動かすためのプログラ

ムをネットワークを通じて，交換できたりシミュレーションできたりすれば，制御プログラムも協力して作り上げることができる。教室での学習する仲間はもとより，インターネット上で顔も知らない仲間と協力しながらプログラム作りができることになる。全国にドリトルの実践者が増えオブジェクトバンクがインターネット上にいち早くできあがることを期待したい。

4．生産管理へつながるアルゴリズム，ソフトウェア化

アルゴリズムは，「情報B」の「コンピュータの仕組みと働き」のうちの項目「コンピュータにおける情報の処理」に位置づけられている内容である。アルゴリズムは，プログラミングの経験がない生徒にとってイメージ化が難しい。そのため，生徒に身近な例を取り上げ，アルゴリズムを考えさせることは，学習の定着だけでなく，学習の意義を感じ，段取りの計画化など日常の生活にも生かせると考えられる。これらのことを念頭に置いて，授業を行うことがポイントである。

実践例 24　効率の良い配膳プログラムを考える

■ 教材研究

アルゴリズムを教える際の最大のポイントは手順を工夫し，定めることによって，作業効率が良くなることに気づかせることであろう。

その際，アルゴリズムを考える上での基本要素は「順次処理」「条件分岐」「繰り返し処理」であり，これに並列処理を盛り込むと格段に効率が上がること，さらに，アルゴリズムの最適化を図り，品質を向上させることの重要性に気づかせることが有効であろう。

最初は文化祭でのグループ，クラスでの作業の工程表や調理実習のフローチャート等，生徒にとって身近な題材を取り上げるのが有効であると思われる。授業時間に余裕があれば，その後，教育用プログラミング言語ドリトル等により，プログラミングの実習を入れると良いだろう。ドリトルにはタイマ機能があり，平行プログラミングが簡単にできる仕様になっている。

■ 授業の流れ
① アルゴリズムの言葉の説明をする
　問題の解決の手順のことであり，広く考えればプログラミングに限らず，日常生活の中にもアルゴリズムがあることを説明する。
②（演習）
　棚にあるお皿の枚数があるだけ，カレーライスを用意し，1人で配膳するアルゴリズムを考える（カレー，ご飯とも十分な量があるとする）。
　フローチャートで表現する（生徒がフローチャートを知らない場合はその説明をしてから課題に取り組ませる）。(図5-23)
③　機関巡視をし，効率の悪いアルゴリズムと効率の良いアルゴリズムの例を探す（良い事例が出ない場合を想定して，教師側でも準備をしておく）
④　アルゴリズムの効率について考える
　効率が悪い例を示し，改善策を生徒に発言させる（悪い例が生徒からなければ教師から示す）。
- 時間がかかってしまう。
- 最初に用意したカレーが冷めてしまう。

⑤　効率が良い例を生徒の解答から取り上げる
　上の例で効率を下げているのはそのつど，ご飯，カレーをかけている点であるので，そこを改良したアルゴリズムを取り上げる。
⑥　配膳作業を3人で行えば，フローチャートがどのようになるかについて考えさせる
- お皿を並べる作業，ご飯を盛る作業，カレーをかける作業を並列処理でき，格段にスピードが上がることを気づかせ，理解させる。
- これをアルゴリズムの最適化と呼ぶことを説明する。

⑦　アルゴリズムを考える際の基本的な処理を説明する
　生徒のアルゴリズムを使いながら，「順次処理」「条件分岐」「繰り返し処理」「並列処理」の四つの要素でアルゴリズムを考えることが可能であることを説明する。
⑧　普段の自分の生活の中でアルゴリズの最適化できる事例がないかを考えさせる

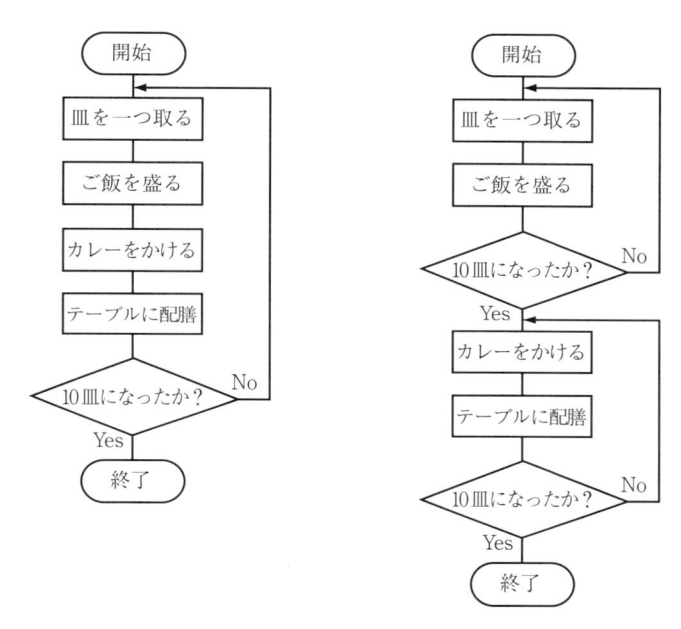

5. 制御・ネットワークの授業実践例

(a) 効率の悪いアルゴリズム

(b) 効率を上げ，最初に作ったカレーが冷めないようにしたアルゴリズム

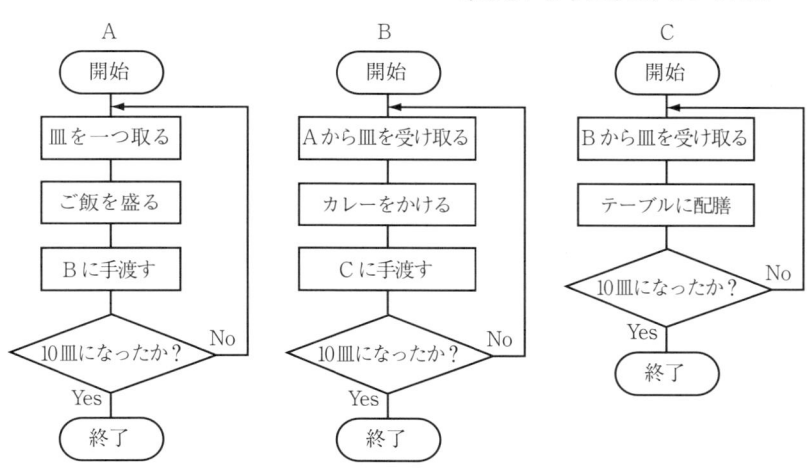

(c) 並列処理により最適化したアルゴリズム

図 5-23　配膳のフローチャート

表5-3 教育用プログラミング言語ドリトル（兼宗進氏作のフリーソフト）

○ウェブサイト　http://www.logob.com/dolittle/　（ダウンロード可能）
○実行環境
- Windows（95/98/Me/NT4.0/2000/XP）
- ハードディスク（40MB以上の空きが必要）
  （Java2 Runtime Environment（JRE）の上で実行されるため，Linux，Mac OS Xでも動く）

○特徴
- 日本語でプログラミングができる。
- オブジェクト指向技術により，Officeソフトなど，複雑な機能をもつプログラム開発の現場で実際に行われているプログラミング技法と同じスタイルでのプログラミングを体験できる。
- ドリトルはクラスの定義が必要ないように，オブジェクトのプロタイプを最初からもっている。
- その分身を作りながらプログラムをしていくため，初学者が使い始めたその日からプログラミングを楽しめる（プロトタイプにもとづくオブジェクト指向言語）。
- オブジェクト指向言語というと「クラス」を思い浮かべる方が多いと思われるが，初心者にとって，敷居の高いポイントの一つのため，ドリトルではクラスの定義が必要ない仕様になっている。
- タイマ機能を使って，簡単に平行プログラミングが可能となっている。

　授業計画に余裕があれば，ドリトルでプログラミングを組む場面を設定するとソフトウェア開発の一端を体験することができる*（表5-3）。

5．PICマイコンによる制御

　コンピュータによる計測・制御の技術は，「情報B」の柱「情報社会を支える情報技術」の重要な構成部分となっている。本実践は，PICマイコンを使った自走車の製作を通して，計測・制御の仕組みやプログラム制作の技術を理解し，産業の中でのコンピュータの役割を想起させるものである。

---

*　長谷川元洋「ドリトルテキスト」http://www.logob.com/users/ghase/dollitle/text2002/dolittletext-frame.htm

実践例 25　PICマイコンを使った自走車の製作

■ 授業のねらい

　この実践は，定時制高校コンピュータ科3年生の「実習」（4単位）のテーマの一つとして行ったもので，PICマイコンを使った自走車の製作を通して，コンピュータで機器を制御する技術や，ハードウェアとソフトウェアの関係を理解させたいと考えた。パソコンを使った機器の制御ではなく，PICマイコンを取り上げた理由は次のとおりである。

① 構造が簡単で，ICのピン数も少ないため，工作がしやすい。
② 機器に組み込み，自立型の教材を作ることができる。
③ C言語を使ったプログラムの開発環境が容易に整う。
④ 機器を制御するため，プログラムと結果が直接結びつき，わかりやすい。

また，授業のねらいを次のように考えた。

① コンピュータで機器を制御するために必要な構成要素や動作原理を学ぶ。
② フォトエッチングなどプリント基板作成の技法を学ぶ。
③ 機器を制御するプログラムを作成することにより，コンピュータのソフトウェアのはたらきを理解する。

■ 教　材

　PICマイコンとは，Peripheral Interface Controllerの略で，周辺機器を制御するために作られた小型のコンピュータである。一つのICにメモリや入出力インタフェースなど必要な機能がすべてそろっているので，周辺機器との接続が簡単であり，プログラム開発もパソコンを使って行うことができるので，比較的容易に機器の制御を行うことができる。今回使用したのは，PIC16F84というPICマイコンシリーズの中でも汎用性の高い機種で，繰り返し書き換えができる1kワードのプログラムメモリと13ビットの入出力ポートをもつ。

　PICマイコンを使用した自走車は，黒い線上を走行するために二つの光センサをもち，線上にあるかどうかという情報をPICマイコンに送る。PICマイコンはセンサからの情報にもとづいて，モータを動かしたり止めたりする信号をモータ制御ICに送る（図5-26）。

　PICマイコンのプログラム制作には，Cコンパイラとライティングソフトを

```
┌─────────────┐                      ┌────────────┐
│  パソコン    │   プリンタケーブル   │            │
│  PC/AT機    │─────────────────────>│ PIC WRITER │
│  Windows 95 │                      │            │
└─────────────┘                      └────────────┘
```

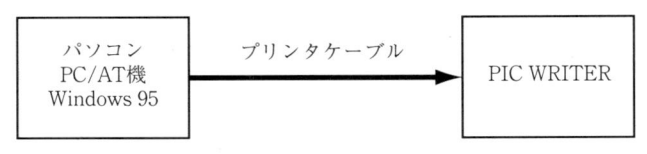

図5-24　PICマイコンプログラムの開発環境

インストールしたパソコンとPIC WRITER, プリンタケーブルが必要である（図5-24）。

CコンパイラにはCCS Inc.社のCコンパイラPCMを使用し, PICマイコンを供給するMicrochip Technology社が無料で提供する統合型開発環境MPLABとリンクして使用した。ライティングソフトはフリーソフトであるEasy-PIC for Windows 95を使用した。PIC WRITERは自作した*。

自走車のプログラミングの前に, プログラミングの練習用として, PICマイコンを使ってLEDを点灯させる教材を用意した（図5-25）。

■ 授業の流れと学習のようす

この授業の時間配分と内容は以下のとおりで,「実習」の場合, ほかに三つのテーマがあり, 各グループ7～8名の生徒がローテーションでまわってくる。

① 第1期「自走車のメカ部分の加工・組み立て, プリント基板の製作」(8時間)

自走車の骨組みになるアクリル板を切り出し, 穴あけなどの加工を行い, ギアボックスの組み立てを行った。多くの生徒は, ミニ四駆やプラモデルを思い出し懐しがっていたほどなので, ここはスムーズに進んだ。ほとんどの生徒は3～4時間で終わるので, 続いてプリント基板の製作へと進む。

プリント基板製作は, 1年生の「ラジオの製作」の中でマジックインキでパターンを描く方法を体験していたので, 今回はフォトエッチングという方法にした。パターン図は教師が描いたものを使用した。感光基板はサンハヤトの10Kを使用し, 制御部とセンサ部の基板を製作した。感光作業は紫外線を使用

---

* 後閑哲也『電子工作のためのPIC活用ガイドブック』技術評論社, 2000, pp.14, 20-22, 307-315, 399-414.
　次のサイトも参考にするとよい。マイクロチップ・テクノロジー・ジャパン
　http://www.microchip.co.jp/
　上記の本の筆者後閑哲也氏のサイト「電子工作の実験室」　http://www.picfun.com/

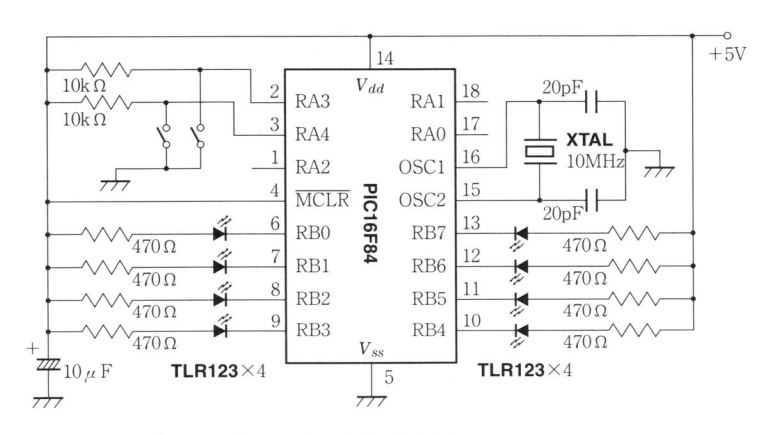

5. 制御・ネットワークの授業実践例

図5-25　LED点灯回路

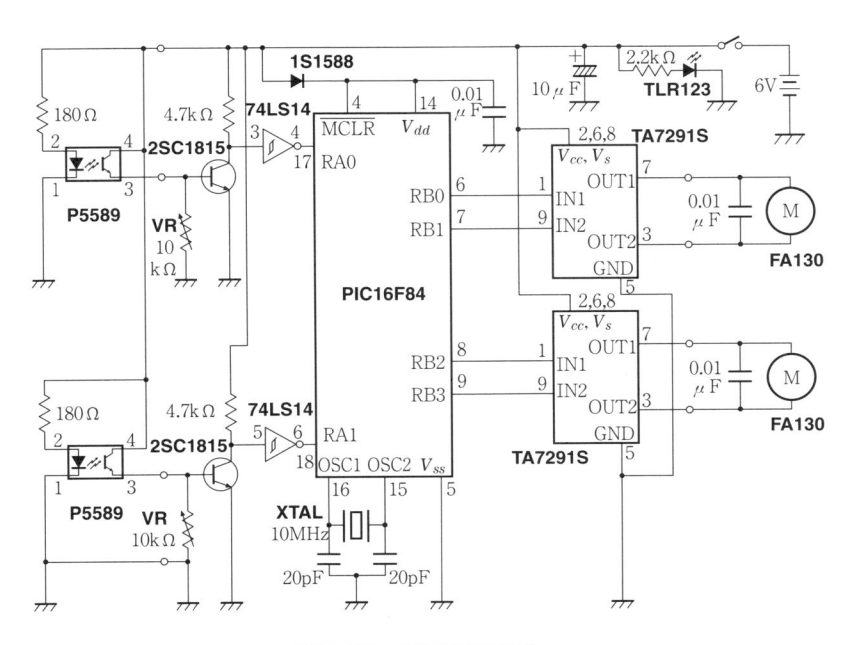

図5-26　自走車の回路図

表5-4　自走車の部品表

部品名	型番	個数
フォトリフレクタ	P5589	2
トランジスタ	2SC1815	2
シュミットIC	SN74LS14	1
ICソケット	18P	1
PICマイコン	PIC16F84	1
モータドライバ	TA7291S	2
水晶発振子（10MHz）	HC-49US	1
ダイオード	1S1588	1
抵抗1/4W	180Ω	2
抵抗1/4W	4.7kΩ	2
抵抗1/4W	2.2kΩ	1
LED	TLR123	1
セラミックコンデンサ	22pF	2
セラミックコンデンサ	0.01μF	3
電解コンデンサ	10μF	1
半固定ボリューム	10kΩ	2
スイッチ		1
4Pコネクタ		1
3Pコネクタ		3
プリント基板	10kΩ	1
電池スナップ	006P用	1
ツインモータギアボックス	タミヤ	1
タイヤセット	タミヤ	1
アクリル板（2mm）	60×150	1

した感光器が1台しかないので1人ずつしかできず，時間がかかった．現像，エッチング作業，基板のカット，穴あけ作業はスムーズに進んだ．

② 第2期「制御部，センサ部の製作，自走車組み立て」(8時間)

第1期で製作したプリント基板に部品を取り付け，制御部とセンサ部の製作を行った（表5-4）．しかし，PICマイコンやIC，光センサの取り付けミスやハンダ付け不良，ハンダブリッジがかなりあり，授業時間内に完動したものが少なく，第3期の授業までに直す作業に追われた．生徒全員にできたという体験を味わわせるには，プログラム作成をする第3期までには完動品が必要である．しかし定時制の場合，放課後の利用がむずかしく，生徒に修正させることができないため，どうしても教員の「陰の支え」が必要になる．

5. 制御・ネットワークの授業実践例

写真 5-11　生徒の作った自走車の集合写真

③　第3期「LED点灯と自走車のプログラミング，試走」(8時間)

　PICマイコンを動かすプログラムはC言語で制作した。予算の都合でCコンパイラを一つしか購入できなかったため，これをインストールしてあるパソコンと生徒各自がプログラムを制作するパソコンとに分けて作業を進めた。Cコンパイラをインストールしたパソコンには，このほかにPICマイコンに書き込むためのライティングソフトをインストールし，プリンタ端子にPIC WRITERを接続しておいた。

　プログラムの制作は，最初の2～4時間を使って命令の解説とプログラム制作の流れの説明を行い，その後LED点灯回路の制御プログラムの制作を練習課題とした。LED点灯プログラムは，点灯の状態と出力データの表現について学習した後，「ネオンサインのように点灯させよう！」と各自に点灯パターンを考えさせてプログラムの制作を行った。その後，自走車のセンサの出力信号やモータICのはたらきなどを説明して，プログラム制作を行った。プログラムができたらコンパイルし，PICマイコンへの書き込み，試走を行う。ベニヤ板1枚大のコースを作り，自走車が1周回って停止したら「完走」と宣言したところ，思わぬ盛り上がりを見せ，多くの生徒が「完走」に向かって努力した（写真5-11）。

　■学習者のようす

　いろいろ困難や課題は多かったが，順番に積み上げて結構複雑なものを作る

ことができた感動やものづくりのおもしろさを実感した生徒が多かった。

「製作はやっててけっこうおもしろかった。昔やったミニ四駆と少し似ている点があったから，なつかしさがあっておもしろかった。基板を元から作るときはさすがに工業高校なんて思ったりした」(H)

「物を作るのが嫌いな自分でもここまでできるとは思わなかった。こんなにすごいことをしたのは初めてだ。ICはあんなに小さいのにたくさんのことが覚えられるところがすごいと思った」(AR)

「この実習で製作した自動車はすごくよくできた。まず何もついていないところに一つ一つハンダでくっつけていく作業は簡単なようで，すばらしく難しかった。何個か間違ってつけてしまったりという失敗もあったけどそれも"あいきょう"というもんだろう」(AK)

「えっっと今回のこれは私的にバッチリOKです。何がかというと，このコンピュータ科に入ってなんか実習でこんなにキーボードにさわったのはあんまり実はなかったんでした。それに自分的にはスラスラできたと思う。先生＆クラスの子に助けてもらいながらなんかよくできた。プログラムの方はさほど困りませんでした。いよいよ車を動かすとき「ドキドキ」としてました。みごとガクガクと変なリズムに乗りながらではありましたが動きました。そん時は「やっぴ→→」と心の中で思ってました」(AK)

「こまかい基板製作がしんどかった。自動車の組み立てもけっこうこまかい作業でしんどかった。プログラミングは最初はなんのことかわからなかった。プログラムを入れて，自動車を動かしたことはすごかった。こまかいプログラムを入れて，自動車を動かすことによって，他でもできるかなと思った」(S)

機器を思いどおりに動かすプログラムを作ったことで，コンピュータのプログラムのはたらきを理解した生徒も多かった。

「最初はじゃまくさいなぁとは思っていたけど，入力したあとに自動車を走らして，ちゃんと黒い線にそってまっすぐ走ったり，曲がったりして，そして最後に止まるところでちゃんと止まるという所が面白かった」(YM)

「自分で打ったプログラムで車が動いたのには，かなり感動した。微妙なバランスでうまく動かなかったり，動いたり，けっこう難しかった」(YS)

「光るやつのチカチカの（LED点灯）プログラムがすごく楽しかった。アイディアとかすごい頭で浮かんできてもっとやりたかった。けど時間がなくてアレで終わった」(S)

「（プログラムは）ややこしかった。2進法で考えて入力するのに手間取った。プログラムの内容そのものは，それなりに理解できた気がする」(KN)

「私がこの実習で思ったのは，一言で『スゴイ!!』と思いました。コンピュータで機械がわかるように打ち込んで，それをチップに入力して，そして車につけて，なんか，ああこうやってやるんやなぁと不思議に思いつつ，感激してさすが洛陽工業と思い，少しうれしくなりました」(KM)

「自分が思ったとおりにランプが光るととてもうれしかった。作成したプログラムのどれもがパチンコのネオンのようになってしまった。自分でつくった自動車が動いたとき，とてもうれしかった。電池のパワーが強すぎたので，線からはみだして止まってしまうときがあった」(TK)

「LED点灯の授業はだいたいプログラムの意味がわかったのでそんなに苦労しなかった。一つ勉強になったのは文章をコピーして貼り付けをしたら楽できたことです」(TR)

■ 考察と課題

今回のPICマイコンを使った自走車の製作は，頭書の目的をほぼ満足する教材であった。そしてこの実習によって，生徒は次のような点を学んだと思う。

第1に，順番に，計画的に積み上げていくことで，かなり複雑なものも製作できるという自信をもつことができた。

第2に，パソコンとは違う機器の制御という分野でのコンピュータのはたらきについて理解が深まった。

第3に，プログラムというものが，自分の意図したとおりにものを動かしたり，処理をさせたりするはたらきをもつことを体感できた。

また，次のような点が課題として残った。

第1に，生徒一人ひとりの工夫を生かす余地が少なかった。車のデザインやコース，ゲーム性など，生徒の創意工夫が生かせ，興味・関心をさらに高めるような工夫が求められる。

第2に，感光器が一つしかなかったり，CコンパイラやPIC WRITERが一つしかなかったなど，作業のボトルネック部分というのはどのような場合にもあるものだ。これをどのようにクリアしていくのかという点はもっと追求されてよい。

6. 製品開発の現場から学ぶ

プログラミングの学習をした生徒たちは，現実のプログラミングを類推する力をもっている。授業のまとめなどでビデオを利用することで，直接触れることの難しい現実の労働の世界を取り上げ考えさせることができる。授業で身につけた力で世の中を見通すきっかけをつくることができる。本実践は，「情報B」の内容の柱の一つである「情報社会をささえる情報技術」のうちの「情報通信と計測・制御の技術」に位置づくものであり，「情報技術の社会的役割を

考える」というテーマで展開することが可能である。

実践例 26　プログラミングの経験から見える世界

■ねらい

　プログラミングの授業というと画面に向かってひたすらプログラムを打ち込む姿を思い浮かべるかもしれない。授業でプログラミングの経験を十分に積んだ生徒たちには，できるならば現実の世界でのプログラミングと，そこで働くプログラマやシステムエンジニアの人たちの仕事まで思い描かせたい。プログラミングの経験だけでなく，その先に自分たちの生活を支えるコンピュータやコンピュータの組み込まれた機器の開発に多くの人たちが情熱を注いでいることにぜひ気づかせたい。

■授業の流れと学習者のようす

　1995年11月26日に放映されたNHKスペシャル「新・電子立国　第2回　マイコン・マシーン」という番組は生徒たちにこうしたコンピュータにかかわって働く人たちの姿を考えさせるためにうってつけの番組である。炊飯器から自動車のエンジンまで機械に組み込まれたマイコンのソフトウェアの開発にかかわる人たちの姿が紹介されている。特に冒頭の15分間で描かれている写真5-12のような炊飯器のプログラムの開発のようすは，わかりやすく生徒たちへのインパクトも大きい。

　画面には女性研究員が炊飯器でご飯を炊くようすが映し出される。炊いては食べ，食べては炊きを繰り返して，1機種当たり約3トンのお米が炊かれる。さまざまな条件で試しながら約1000パターンの炊き方がまとめられていく。

　何度も試しながらプログラムに修正を加え，火の入れ方を極めていくその姿は，これまでに授業で取り組んできたプログラミングの経験を生徒たちに思い起こさせるようだ。画面の中で女性研究員は「みなさんお母さんが炊いてると思っているんですけど，実は私たちが火加減したんです」と語る。以下はそのときの生徒たちの感想である。

　「プログラムや機械を作っている人は，かなりの努力をしているというのを聞いた時，ハッとした。今まで気軽に使っていた物にこれほどのことがと驚いてしまった」

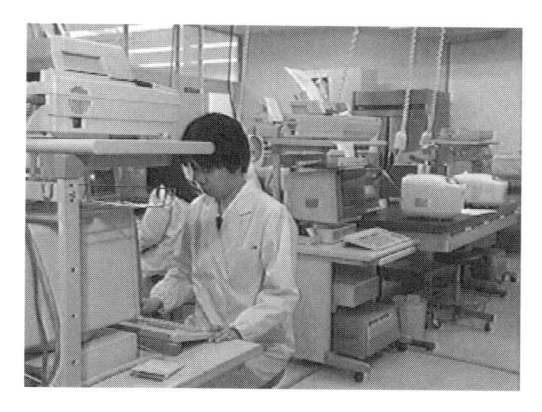

5. 制御・ネットワークの授業実践例

写真 5-12 炊飯プログラムの開発のようす
(NHK スペシャル「新・電子立国 第2回 マイコン・マシーン」(1995年11月26日放送) より)

「多くの時間をかけ，実験をして，私たちの食生活をよりよいものにしてくれる人たちに感謝しなければいけないと感じた」

「小さなミスでも売り物にはならないし，いろいろな試みを日々続けて努力している結果なのだなぁと思いました」

「私たちは授業でコンピュータをやっているけど，コンピュータの仕事をしている人たちは，これ以上に頭を使うことをやっていて，生活に便利なものをつくっている。すごい」

生徒たちは，これまで学習してきたプログラミングが，自分たちの身のまわりに生かされていることに気づき，そのプログラムの開発にかかわる人たちがいることに思いをめぐらせていた。プログラミングを経験することもおもしろいが，その経験の先に，プログラムが現実社会でどのように使われ，その開発にたずさわっている人たちがいることをとらえさせる授業も意義深い。

情報の授業の中でも，こうしたコンピュータにかかわって働く人たちの姿を生徒たちにいかに豊かに思い描かせるかということも大切なポイントになるのであろう。

実践例 27 設計から生産までコンピュータ化

■ ねらい

設計図というと，おそらく紙の図面を思い描くのではないだろうか。しかし，

今ではほとんどの図面がコンピュータで描かれている。CAD（Computer Aided Design）と呼ばれるそのシステムは，ただ紙を電子化したというだけでなく，コンピュータ画面上の3Dの立体を自由に動かしながら設計することができ，さらには，そのデータを工作機械に送信することで，直接加工データとして用いることも可能である（CAD/CAM）。

2000年5月14日に放映されたNHKスペシャル「情報技術革命の衝撃　第2回 モノづくりが激変する」では，その冒頭の10分間で，携帯電話の金型を3次元CADを駆使して短時間で作り上げるようすが紹介されている。新宿の高層ビルのコンピュータ上で3次元CADにより設計された携帯電話の金型の3次元ソリッドデータは，コンピュータネットワークを通じて瞬時に大田区の工場に送信される。これを受けて工場内の高速マシニングセンターは，送信されてきた3次元データをもとに自動的に作業をはじめ，金型が作られる。この番組を使えば，こうした設計から生産までのコンピュータ化を短時間でイメージさせることができる。

■ 授業の流れと学習者のようす

この番組は，図5-27に示す「立体グリグリ」（フリーソフト http://www.gijyutu.com/g-soft/guriguri/）などの簡単な3D-CADの実習の後に見せると，さらに効果的である。以下は生徒たちが書いた感想の一部である。

「何かを設計するのが，こんなに楽しいとは思わなかった。でも，この職業の人は，僕た

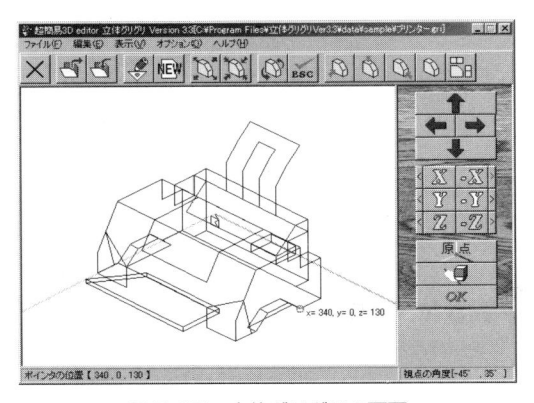

図5-27　立体グリグリの画面

5. 制御・ネットワークの授業実践例

ちがやっているよりも数段レベルの高い設計をしていて，すごいなと思った」

「今まで授業でやっていたようなことを仕事でもやっていることを知って驚いた。おもしろかった」

「いろんな建物などもパソコンで設計できるなと思った。家の設計なども，パソコンでできるようになったのもIT技術のあらわれだなと思いました。ほとんどのものは3次元で出来ていることも初めて知りました。スピードを要求される会社には3次元CADが重要なことがわかりました」

ただ単にソフトの使い方を扱うのではなく，こうした番組などを見せることで授業で取り組んだ内容が現実社会でどのように役立っているのかをより具体的に生徒たちにイメージさせることが可能である。参考までに，教科「情報」の授業で参考になると思われる番組を表5-5に掲載する。

表5-5 教科「情報」の授業で参考になる番組一覧

番組名	タイトル名	放送年月日
プロジェクトX	家電革命 トロンの衝撃	2003/04/15
NHKスペシャル	新・電子立国 第1回 驚異の画像 ～ハリウッドのデジタル技術～	1995/10/29
	新・電子立国 第2回 マイコン・マシーン ～ソフトウェアが機械を支配する～	1995/11/26
	新・電子立国 第6回 時代を変えたパソコンソフト ～表計算とワープロの開発物語～	1996/03/31
	新・電子立国 第8回 コンピュータ製鉄 ～驚異の巨大システム～	1996/05/26
	新・電子立国 最終回 コンピュータ地球網 ～インターネット時代の情報革命～	1996/06/30
	電子立国 日本の自叙伝 第1回 新・石器時代 ～驚異の半導体産業～	1991/01/27
	電子立国 日本の自叙伝 第2回 トランジスタの誕生	1991/03/24
	電子立国 日本の自叙伝 第3回 石になった電気回路	1991/03/31
	電子立国 日本の自叙伝 第4回 電卓戦争	1991/07/28
	電子立国 日本の自叙伝 第5回 8ミリ角のコンピューター	1991/08/25
	電子立国 日本の自叙伝 第6回 ミクロン世界の技術大国	1991/09/29

6 チームワークを支える情報技術の授業実践例

1.「失敗データベース」による経験知の共有化

コンピュータを活用し課題を解決することは、情報教育の重要な柱であり、「情報B」の内容の柱の一つになっている。「失敗データベース」は、授業中に消えてしまう「失敗というマイナス面」の情報を積極的に共有し、失敗から学んだこと、すなわち経験知を次の加工に生かすことで、失敗に対する生徒の意識を変えるとともにデータベースの利便性を理解し、課題解決のための情報技術の役割についても実感を伴って認識する位置づけの単元である。

実践例28 「失敗データベース」を作ろう

■ねらい

表計算ソフトやデータベースソフトの学習では、小遣い帳の計算をしたりキーワード検索をするなど、ソフトの操作方法が中心になりがちである。しかし、操作方法を学ぶことと情報活用の実践力を高めることとは別物である。

情報ほど、それを活用する者の意識が問われるものはないだろう。一見不要と思われる情報の中にも価値ある情報が存在している。そのような情報や情報技術の活用について、「失敗データベース」*（図6-1）を例に考えたい。

「失敗データベース」は、ものづくりのさまざまな場面で起こる失敗を生徒たち自らが画像と言葉で記録したもので、生徒たちの手で育てていくデータベ

---

* 小菅治彦「ものづくりを支援する『失敗データベース』開発と利用——木材加工領域における実践を通して」,『技術・家庭科 東海・北陸大会発表資料』, 1999.
　小菅治彦「失敗を生かす『失敗データベース』を作ろう」, 村松浩幸編集代表「ITの授業革命『情報とコンピュータ』」東京書籍, 2000.

6. チームワークを支える情報技術の授業実践例

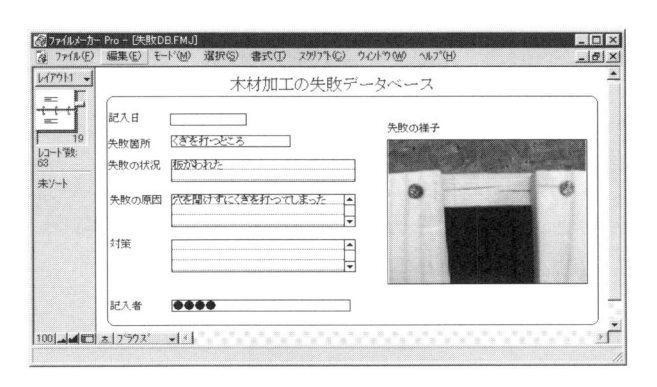

図6-1 失敗データベース

ースである。生徒たちはこのデータベースによって失敗の情報を共有し，学年や学級を越えて互いの失敗を閲覧・分析することができ，次のものづくりに生かす姿勢や情報活用力を高めることができる。また，教師も，生徒たちの失敗を分析することで生徒理解が深まり，指導のポイントがより明確になる。

■ 教材研究

生徒たちの中には「失敗や間違いをすることは恥ずかしい」という思いが強く，一度の失敗でやる気をなくす者も多い。しかし，ものづくりに失敗やつまずきはつきものであり，失敗から学ぶことこそ大切なことである。ただ，失敗のほとんどは作品が完成したときは消されており，失敗から学ぶことは難しい。

そこで，授業中に消えてしまう「失敗というマイナス面」の情報を積極的に共有し，プラス面に活用できないだろうかと考えた。失敗が消される前に，失敗の状況や失敗から学んだものづくりのコツ，すなわち経験知をデータベース化し，次の加工や他の生徒の加工に生かすことで，失敗に対する生徒の意識を変えるとともに課題解決のための情報活用の実践力を養おうとするのが「失敗データベース」の考え方である。

■ 授業の流れ

① 準備

事前に1時間程度使って，失敗を記録する目的とディジタル機器の使用方法

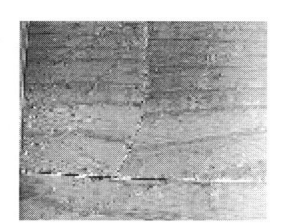

写真 6-1　生徒が撮影した失敗例

について説明しておく。この実践ではデジタルカメラ（以下デジカメと略す）6台とPDA6台を準備した。ただ、失敗の記録は頻繁ではないので、1台のデジカメだけでも実践が可能である。

② 加工作業中の失敗の記録

生徒が失敗したと感じたら、生徒はそのつど自分の失敗を記録する。記録する内容は、以下の4点である。

a．失敗した部分のディジタル写真（写真6-1）
b．失敗した部分の分類
c．失敗の原因
d．失敗をしないための友へのアドバイスなど

＜解説＞

失敗を記録するにあたって、デジカメは大変有効なツールである。実践例では、30万画素程度のデジカメを用いたが、その手軽さと使いやすさを考えると、まだまだ多くの活用方法が考えられるだろう。

自分なりのデータベースを構築する場合、記録する項目は十分検討しておく必要がある。データが後々生かしやすいこと、データを記録する作業内容と目的が生徒にとって明確なことなど、データベースのデザインは大変重要である。

b～dの文章データの記録について、この実践ではPDAを用いたが、紙に記録しておき、あとで生徒の手でパソコンに入力させてもよいだろう。

③ 「失敗データベース」の作成

②の記録をパソコンに転送し、データベースソフト「ファイルメーカー」（ファイルメーカー社）を用いてデータベースとして閲覧できるようにした

6. チームワークを支える情報技術の授業実践例

(図6-1)。

＜解説＞

「失敗データベース」構築用のソフトとしては，画像が扱えるデータベースソフトなら何でもよく，フリーソフトにも十分な機能をもつものがある。生徒にデータ入力をさせる場合は，ネットワークを利用してデータ登録できるものがよいであろう。また，「ファイルメーカー」にはウェブデータベース機能があり，ウェブブラウザからデータの並べ替えや抽出なども可能となる。

■ 学習者のようす

周りの者には失敗とは思えないような小さな失敗から大きな失敗まで，2か月半ほどの木材加工の作業で100件近いデータが集まった。それらをデータベース化した後，加工作業を振り返る形で「失敗データベース」を閲覧した。教師がページめくりの要領でデータ画面を送っていくと，パソコンの画面を指さしたり，画面について近くの友達と話をする姿が見られた。失敗の頻度と生徒たちの感想を図6-2にあげておく。

■「失敗データベース」の可能性

「失敗データベース」は学習者参画型のデータベースである。一般的なデータベースは，あらかじめ確かなデータが数多く登録されている必要があり，検索により効率よく知識を取得するための利用が多い。それに対して「失敗データベース」の場合，学習者（生徒）がデータを登録していくという特徴がある。しかも，登録されるデータの内容が不確かなものであってもかまわないし，同じようなデータが重複して登録されていてもかまわない。逆に，重複したデータが多いということにも意味がある。利用方法も，自分たちが入力した情報か

板のずれ 38%	釘打ち 36%	切断ミス 14%	下穴 6%	他 6%

・みんなと同じような失敗をやっている。
・同じような写真ばっかりで最後のほうは少しあきた。
・自分の失敗で忘れていたのを思い出した。
・失敗は自分の勉強になるけど，あまり見たくない。
・釘打ちで，板が割れたりするのが多い。
・接合は難しい。釘打ちとか，木の大きさとかが大事。

図6-2　失敗の割合と生徒の感想

らの発見や，学習者同士の情報を共有した活用が主となる。

データを閲覧すれば，仲の良い友達の失敗や他のクラスの生徒の失敗，先輩が入力した失敗などが見つかったりする。これらは生徒にとって大変身近なデータであり，自分と同じような失敗があれば大いに共感でき，経験知として失敗についての考察の深まりが期待できると考えられる。そして，そこに登録されているアドバイスは，作業についての教師の注意よりも効果が期待できるのではないだろうか。

また，生徒が自分でいろいろとデータを並べ替えることによって，どんな失敗が多いかとか，作業のポイントなどを発見するなど，作業への意識づけや課題解決のための情報活用能力の育成にも活用できるものである。

「失敗データベース」は，身近な情報を共有活用する主体的な学びのための一つの提案であり，教師が，どのような場面でどう利用するのかは，教師のアイデア次第でさまざまに展開できるものと考える。今後多くの人が，「失敗」に代わる情報を授業のさまざまな場面で見つけ，新たな情報活用を試みられることを期待する。

情報のもつ価値を高めるのは情報を活用する者の意識であり，情報技術の価値を高めるのも情報技術を利用する者の姿勢である。

2．チェーンメールを考える

情報技術と人間との関係を考える力を育成することは，情報教育の重要な目標の一つである。情報技術と人間との関係を考える内容は，「情報B」の「情報社会を支える情報技術」の中の項目「情報技術における人間への配慮」および項目「情報技術の進展が社会に及ぼす影響」に位置づくが，その展開はなかなか難しいものである。例えば，「チェーンメールはいけない」とだけ教える授業であると，チェーンメールから生まれた「もしも，この地球が100人の村だったら」という話はいけないことから生まれたことになる。また，輸血の協力を呼びかけるメールに対して，無視しろという指導も，「困っている人がいても何もせず，無視してもいいのか」という生徒の素朴な疑問に答えられない。

したがって，チェーンメールが人に迷惑をかけたり，システムに負荷をかけ

6. チームワークを支える情報技術の授業実践例

て良くないのはどういう場合か，一方，ディジタルデータの特性をプラスに生かすにはどうすればいいのか，といった問題意識を豊かにする実践が重要になってくる。

実践例 29　チェーンメールを考える

■ 教　材

自分の携帯電話にチェーンメールが届いた経験をもつ生徒がほとんどだと考えられる。携帯へのメールの場合，受信に際して，課金されるケースもあり，迷惑だという認識で一致するだろう。

しかし，新聞，テレビ等の報道機関では規制されている画像が，興味本位にチェーンメール化されて，広がるなどの実態がある。一方で，チェーンメールが物語を生み，本になって出版される事例もある。また，輸血の協力を呼びかけるメールなどは，モラルジレンマを引き起こし，判断に苦しむ生徒も出ることであろう。こういったことから，情報モラル，情報倫理教育の観点から，単純に「ダメ」と教えるだけではすまないと考えられる。

そのため，「チェーンメール」を題材とした授業では受信者とシステムに負荷をかけたり，また，ケースによっては人権侵害にあたる行為に荷担することになることを押さえた上で，輸血メールなど，チェーンメール化してしまう可能性と逼迫した緊急事態への協力要請を依頼したい気持ちの間で板挟みになるような場合は，情報の有効期限を示すなどの対処方法を考えさせることが重要である。

■ 学習目標

この授業の学習目標を次にあげる。

- チェーンメールが受信者やシステムに負荷を与えることを理解する。
- 場合によっては犯罪や人権を侵害する行為に荷担することになる恐れがあることを知る。
- チェーンメールから物語が生まれ，本として出版されたケースもあることを知る。
- 輸血の協力依頼メールなど，モラルジレンマに陥るケースではどのよ

うに対処すればよいかを考える力を身につける。
■ 授業の流れ
① チェーンメールを送受信した経験の有無を確認する
- 受信した生徒にはそのメールをどうしたかを質問する。
- また、チェーンメールの種類によっては無視したり、転送するなど対処方法が違うことが考えられるので、できるだけ具体的に質問し、それを取り上げながら、授業をする。

② チェーンメールの実験
　授業用に用意したパソコン教室内だけで利用できるメールアカウントを使ってクラス全員がチェーンメールを転送し合う実験をする。
（1）次のようなメールを教師から、全員のアドレスに送信し、実験を始める。また、生徒にはメールアドレスのリストを配布しておく。
　　（不幸のメール）
　「このメールを3分以内に5名に転送しないとあなたは不幸になります」
（2）10分程度、チェーンメールの実験を行う。
- 雰囲気を見て、途中、最初のチェーンメールの亜種を流すことを許可するなど、できるだけ、メールの流量が多くなるような働きかけをする。

（3）チェーンメールの実験を終えての感想を聞く。
　単に感想だけでなく、これが自分の携帯電話に転送されてきたら、どう思うかについても質問し、普段の自分の生活の中で起こり得る事態であることに気づかせる。
（4）次に輸血の協力依頼のメールを転送するべきかどうかを考えさせる。
- 全員に意見を発言させるために掲示板を利用すると効果的である。
- 転送すべきではないという意見が多数となると予想される。転送すべきという生徒がいた場合はその理由を取り上げ、クラス全体に投げかけ考えさせる。

（5）どうしても緊急に迫られている場合は短時間にたくさんの人に知らせることができるチェーンメールは有効であることにも触れ、チェーンメール化しないようにするための配慮、方法を考えさせる。

- メールに転送する場合の期限を示したり，まだ，血液を必要としているかどうかや連絡先等の情報を掲載したウェブページを設置し，メールにはそのURLだけを転送するなど，チェーンメール化しないための工夫をする。
- また，病院の電話番号を記載すると病院の業務に支障が出ることから，迷惑をかける可能性がある情報は掲載しないように気をつける。
- 「使い捨てにできる情報」はばらまいてもよく，「使い捨てにできない情報」はばらまいてはいけないことに気づかせる。

（6）チェーンメールが良いものを生み出した例も伝える。

「もし世界が100人の村だったら」[*1]を例にあげ，チェーンメールがただ悪いというわけではないことを知らせる。また，多くの昔話は話が世代を超えて伝承されるなかで改良されたり，付け加えられたりして，できあがったことにも触れ，それが現代ではインターネット上でディジタルデータを送受信することで短時間にたくさんの人の手で話が作り上げられる可能性があることに気づかせる。

また，Linuxなどのオープンソースの開発スタイルにも触れ，人々の間に流通させることで従来では不可能であったプログラムの開発方法が実現し，世界に大きな影響を与えていることを知らせる。

＜オープンソースの定義[*2]＞

オープンソースの頒布条件は次のものを満たさなくてはいけない。

1. 再頒布の自由
2. ソースコードによる頒布
3. 派生ソフトウェアの作成，頒布の許可
4. 作者のソースコードの完全性（integrity）

[*1] C.ダグラス・ラミス/対訳，池田香代子再話『世界がもし100人の村だったら』マガジンハウス，2001.「世界がもし100人の村だったら」の本文等の情報は，検索サイトで探すと容易に見つけることができる。

[*2] 詳しくは，オープンソースグループジャパン（日本語訳）http://www.opensource.jp/osd/osd-japanese.html
Open Source Promotion Institute（英語）http://www.ospi.jp/os-def/osd-en/view 等を参照のこと。

5. 個人やグループに対する差別の禁止
6. 利用する分野（fields of endeavor）に対する差別の禁止
7. ライセンスの分配（distribution）
8. 特定製品でのみ有効なライセンスの禁止
9. 他のソフトウェアを制限するライセンスの禁止

3．ITによる企業組織の変化

　本実践は，情報技術の発展が働く人々のチームワークにあたえる影響を，実例によってわからせる点に特徴がある。働く世界の実例を扱ったために，情報技術が社会に及ぼす影響について当事者意識をもって考えることができた。したがって，「情報B」の「情報技術の進展が社会に及ぼす影響」の内容に位置づけられ，有効な実践であると考える。

実践例30　ITによる企業組織の変化を知ろう

■ 授業の流れと学習者のようす

　2002年5月12日に放送されたNHKスペシャル「変革の世紀　第2回　情報革命が組織を変える」の中で取り上げられていたITによる企業組織の変化例をまとめ，表6-1のプリント教材を作成し，授業の中で用いた。

　生徒たちは，「ITによって会社の中でおきている変化がわかって良かった」といった感想を寄せていた。

　労働現場の現状を知ることは情報教育にかかわる教師にとって大切なことであるが，企業秘密の壁などがあって思いのほかむずかしい。テレビ番組の中には，授業に直接，間接に活用できるものがあるので，日頃から関連テーマの放送番組をチェックしておくことを勧めたい。

表6-1 「ITによる企業組織の変化」プリント
(NHKスペシャル「変革の世紀 第2回 情報革命が組織を変える」(2002年5月12日放送)より)

- その1：客の要望を製造現場にすぐに生かす組織を目指して
 アメリカのフォード社は，グループ全体の従業員が約35万名もいる巨大な自動車会社である。フォード社の組織を見ると，会長1名の下には最高執行責任者1名を含めて13名の経営陣がいて，最高執行責任者の下には重役が33名いる。そして，重役である副社長の下にはさらに15名の専務がいて，いくつもの役職をへて実際に車をつくる現場の労働者がいる。このように三角形のピラミッド型をした組織は，トップの指示を現場に伝えることが能率よくできるので，同じモデルを大量生産するに適していた。
 昔は一つのモデルで20万台売れたが顧客の好みがさまざまになったために，今では一つのモデルで1万台ぐらいしか売れなくなった。今までの「ピラミッド型組織」では上司の判断を待たなければ現場が働けなかったが，顧客のさまざまな好みにすばやく対応できるためには，現場がすぐに判断できる「逆ピラミッド型組織」にかえなければならない，と考えた。その結果，ある工場では自動車を買った顧客の反応をネットワーク上ですばやく知ることができるようになり，今まで生産現場では行われなかった製品検討の打ち合わせが行われるようになった。

- その2：ネットワークを使って知恵の補いあいで問題解決
 バックマン・ラボラトリーズ社は，世界21か国に拠点をかまえ，製紙会社から依頼を受けて研究開発を行っている従業員1300名の会社である。この会社では，「フォーラム」とよばれるネット上の広場で共同研究が行われ，毎年20件以上の新技術を開発している。この会社は，所属部署や国を越えた個人個人の働きの結びつき方が，これからの会社組織を考えるときのヒントになるとして注目されているという。
 それでは，ある段ボール製品開発時のフォーラムでのやり取りの一部を紹介する。

イギリスの営業マン
 「でんぷんがうまく働かなくて開発中の紙に強さがでない。誰か教えてくれよ」
カナダの研究担当副社長
 「カナダでは薬品ピュボンド911も使っているよ」
カナダの営業主任
 「でんぷんの効果がでないのはシステム全体がプラスイオンになっているからじゃないかな」
アメリカのエンジニア
 「でんぷん自体に問題があるのでは。提案だけどプロジェクトを組んで問題を解決しようよ」
ドイツの営業マン
 「微生物の影響を見逃しているのでは。ある微生物はあっという間にでんぷんを分解してしまうんだ」
アメリカの製造主任「するどいね。いったん分解し始めるとどうにもとまらないんだ」
ベルギーのエンジニア「まったくそのとおり。微生物を何とかしないとだめだ」

 「問題の原因は微生物ではないか」この指摘を手がかりに微生物の活動をおさえる化学薬品が開発された。最初の問いかけから約1カ月，5カ国から8名が参加したフォーラムから生まれたプロジェクトチームによって，段ボールに使う丈夫な紙の試作品ができた。プロジェクトに参加した中の1人は，「相手を助けたり，お互いの知識を補いあったりすることにやりがいを感じている。良いアイデアを出した人は仲間から尊敬され，それがまた新たなやりがいにつながる」と，フォーラムを活用したプロジェクトについて感想を述べていた。コンピュータ・ネットワーク活用によって組織の変化が始まっているといえる。

付　録

　本付録は，教科「情報」を担当する教員の教科研究の手助けになるような文献・資料を提供することを目的として設けた。付録Ａでは，高度情報通信社会に生じている諸問題について項目をたてて論じている。付録Ｂは教科「情報」に密接にかかわる学習指導要領，および関連する答申の抄録である。付録Ｃは，本書で紹介した教具の詳細や入手方法についての資料である。

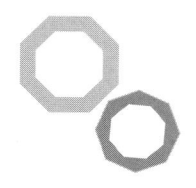

付録 A
高度情報通信社会の諸問題

1. 情報通信と危機管理

　現在，情報通信ネットワークの中で主流を占めているインターネットは，コンピュータ同士を網状につないで成立しており，いわばお互いの庭先を借り合って通信路を確保する設計になっていることから，電話など旧来の通信網と比較すると，セキュリティに弱く，災害に強い性質をもつ．本節では，「情報通信に対する危機管理」としてのネットワークセキュリティと，「情報通信を用いた危機管理」としての非常時・重要通信の二つについて考えてみる．

（1）ネットワークセキュリティ

　ネットワークセキュリティは，情報機器の集合体としての情報通信ネットワークの安全保持を表す．以下では，ネットワークセキュリティに関する脅威の中で，他人からの意図的な攻撃の脅威に限って考えてみる．
　コンピュータは，ネットワークに接続してコンピュータ間の通信を可能にすることで，利便性が飛躍的に向上する．一方，使用者の異なるコンピュータ同士が接続されて通信ができるようになり，さらに通信を介して他人のコンピュータの動作に影響を与えることができるようになると，過失または故意により，他人のコンピュータから悪影響を被る脅威が生じる．特にインターネットのように，使用者同士の信頼関係がない世界では，ほかの使用者下のコンピュータからの脅威を防ぐためのネットワークセキュリティが重要である．
　ネットワークにおける脅威として，最も身近なのは，コンピュータを介したメッセージの交換機能である電子メールに，コンピュータの動作に悪影響を与える不正なプログラム（いわゆるウイルス等）が添付されることであろう．し

かし，厳密にはこれはネットワークに対する脅威ではなく，単体のコンピュータを誤動作させるウイルスが広く蔓延する媒介役を，ネットワークが果たしているにすぎない場合が多い。したがって，ネットワークに接続されていないコンピュータであっても，ウイルスをフロッピーディスク等の記録媒体を通じて誤って読み込むことによって同様に脅威にさらされることになる。また，ウェブサイトに不正に侵入してコンテンツ（写真や文章）をいたずらで書き換える行為は，わかりやすくてイメージダウン効果が高い脅威のため注目される傾向にあるが，対策法や復旧しやすさなどの技術的な観点からは，必ずしも大きな脅威とは言えない。

ネットワークにおける真の意味での大きな脅威は，ネットワーク経由の攻撃が継続して行われる場合である。そのような脅威の一例として，分散型サービス不能攻撃（Distributed Denial of Service attacks；DDoS^{ディードス}）がある。DDoS攻撃では，攻撃者が複数の他人のコンピュータに不正侵入して攻撃ソフトを植えつけておき，ある時点にそのコンピュータ群が，いわば「分身の術」によってさらに多くのコンピュータになりすまして，標的となるコンピュータに対して大量の接続行為（アクセス）を自動的に一斉に実行することにより，標的の機能をマヒさせる。ウェブサイトが標的となった場合，コンテンツの正常な閲覧ができなくなるため，商取引サイトの場合には営業を妨害されることになり，経済的に大きな損失を来すことになる。

DDoS攻撃の特徴は，機器の障害と，正常な殺到と，意図的な攻撃との区別がしにくいため，攻撃を受けていること自体の検知がむずかしいことである。また，真の攻撃者自身は攻撃に参加しないため，犯人の特定や攻撃の阻止がしにくい。したがってこのような攻撃に対処するためには，まず受けている攻撃を正確に検知する技術の開発が必要になる。そのため，写真A-1のように100台規模の多数のコンピュータを用いて，実際のネットワークのミニチュア版を作り，その中で各種の攻撃手法を模擬する研究が行われている。

ネットワークに対する脅威の特徴として，上述の攻撃手法のように，被害者である無実のコンピュータが，使用者の気づかないうちに攻撃に加担させられ得ることがあげられる。すなわちネットワーク社会において，セキュリティ対策を怠ることは加害者と同罪とみなされる可能性がある。したがってネットワ

付録A　高度情報通信社会の諸問題　　　　　　　　　　　　　　　　　　　　　155

写真A-1　ネットワーク攻撃を模擬し検証する実験装置の例
(写真提供：独立行政法人通信総合研究所)

ークセキュリティの確立のためには，技術的な対策だけでは不十分であり，ネットワーク社会における個人の責任のあり方やセキュリティ意識の向上も含めた，ネットワーク利用者に対する教育的対策が不可欠である。情報教育においては，このことに特に留意する必要がある。

(2) 非常時・重要通信

　地震などの大規模災害が発生すると，電話などの既存の通信手段は主に二つの大きな理由によって利用が困難になる。一つは，災害により回線や機器が物理的にダメージを受けたり電源が確保できなくなったりして使えなくなる場合であり，もう一つは，主に被災地の外から内に向けて，主に安否を確認するための通信の要求が殺到し（輻輳と呼ぶ），回線の接続能力を超えるために使えなくなる場合である。

　インターネットは，網状に接続されたコンピュータ間の最適な経路を自動的に選択（ルーティング）して情報を伝送する仕組みなので，通信不能な箇所を自動的に迂回して通信路を維持する機能が仕様となっている。

　またインターネット上の情報はシームレスに共有でき，情報を分散して保存公開できることから，情報へのアクセスに際しての輻輳を回避しやすい。したがってインターネットは，災害時の安否確認に適した機能を有しているといえ

る。兵庫県南部地震（阪神大震災）に際して行われたような，放送局による安否放送では，安否情報を局に集約し編集してから，一方的に流し続ける方式をとらざるを得ない。安否情報を誰もが直接に発信できる点や，いつでも誰でもどこからでもコンピュータに蓄積された情報を参照できる点で，インターネットを使った安否確認システムの方が優れていると言える。

　インターネットを使った安否確認システムの一例として，IAA(I Am Alive；"私は生きています"の意）と呼ばれるシステムが開発されている*。IAAシステムは，インターネット上に設置されたコンピュータに対して，被災者自身あるいは安否を伝聞した人が安否情報を入力（登録）し，被災地内外の人が安否を検索できる，一種の電子掲示板システムである。通信状態が悪い被災地内からの情報登録を可能にするために，パソコンからの登録だけでなく，携帯電話機からの登録，電話機のプッシュボタンのトーン信号を使った登録，手書きで記入したFAXの半自動読み取りによる登録など，多様な登録手段が開発されている。また登録されたデータは，全国に分散配置された複数のコンピュータに一定時間ごとにコピーされ，特定のコンピュータに対する安否検索のアクセスの集中が回避されるようになっている。

　現状のIAAシステムには，登録者の客観的確認方法がないことや，安否情報の信頼性が保証されないことなどの問題がある。これは，インターネットが誰でも使えるオープンネットワークであるがゆえの宿命といえる。非常時・重要通信に限らず，インターネット上の情報は自己責任において使用するべきであることや，情報発信に際しては責任が伴うことなどの理解を深めるために，情報教育の果たすべき役割は大きい。

（3）教育現場における実践方法

　ネットワークセキュリティや非常時・重要通信のように，社会と密接にかかわる対象を扱う場合の情報教育は，自らの手で複数の組織をまたぐ実験ネットワークを構築し運用する実践が効果的である。一例として，北海道稚内市における取り組みがある。ここでは，免許が不要な無線LAN装置に数kmの通信

---

* 「IAAアライアンス」2003．http://www.iaa-alliance.net/

が可能なアンテナを取り付け，教員と生徒が自ら手足を動かして，市内の中学5校，高校3校，大学1校を無線で結ぶプロジェクトが進められている*。複数の組織を結ぶネットワークを自ら構築する場合，通信事業者が提供する回線を有料で借りる場合とは異なり，組織間の調整に始まり，回線設計，装置やケーブルの工作と設置，安定運用のための機器設定などを自ら行う必要がある。また不具合が発生した場合には，自らの手で解決しなければならない。さらに技術面だけでなく，運用方針の策定や利用者への教育も自ら行う必要がある。これらの役割の一端を生徒に担わせることによって，インターネットに関する技術面の教育にとどまらず，セキュリティ意識（信頼関係のない使用者のコンピュータを接続したときから，セキュリティ対策が必要になる）や非常事態における対処方法（システムの不具合も一種の非常事態である）などの社会面の教育も効果的にでき，また近隣の学校との交流のツールとしても活用できる。無線LAN装置は運用コストがかからず，近年は校費での購入が容易な価格にまで下がってきているので，情報教育における実践方法として参考にされたい。

「情報」の由来

日本語における「情報」という用語は，明治時代に軍事用語として，敵や戦場に関する知らせの意味で使われ始め，陸軍の軍医でもあった小説家・森鷗外が，ドイツの軍事理論書を翻訳した中で陽に用いてから，広まったと言われている[*1]。1960年に情報処理学会が発足した当時でも，まだ多くの日本人が「情報」という用語から連想した概念は「スパイ活動」であり，さらに「処理」から連想したのは「汚物処理」であったため，イメージが悪い学会名として，この命名に反対する意見が多かったという[*2]。コンピュータによる処理対象としての情報という用語が一般に認知されたのは，1970年代以降と考えてよい。

[*1] 仲本秀四郎『情報を考える』丸善ライブラリー73, 1993.
[*2] 情報処理学会歴史特別委員会編『日本のコンピュータ発達史』オーム社, 1998.

* 「稚内地域実験研究ネットワーク」2003. http://www.crl.wakkanai.ne.jp/

2．情報通信ネットワークにおける著作権

　著作権と複製を巡る問題は決して新しいものではない。しかし，今日問題とされているのは，「ディジタル情報の複製」であり，「アナログ情報の複製」とは一線を画する段階に突入している。「ディジタル情報の複製」では，「質的劣化」が生ぜず，原版と複製版の質的違いがない。しかも，理論上は無限大に複製を生み出せる。これが情報通信ネットワークを通じて不特定多数の人々の手に渡るということになれば，著作者の被る人格的，経済的損失は計り知れない。

　けれども，著作権と複製の問題が改めて論議されるに至ったのは，そうした立場からの問題意識からだけではない。著作権は，何がしかの「文章」や「絵」，「音楽」などを書き上げた時点で発生するものであり，インターネットの「ウェブページ」にも著作権が発生しているということがその要因である。インターネットの最大の特徴は，個人が既存のメディアを通さずに世界に向けて情報を発信したり，情報を共有できるという点にある。それはつまり，複製する立場にいた人間が，複製される側の立場にも立つということを意味している。インターネットという，情報通信ネットワークを共有している多くの人々が，自らの意思に反して，自分が使用権をもつ「著作物」を無断で複製・改案されてしまうという現実に直面することになったということである。これは，著作権と複製という問題を考える上で，大変に大きな環境・状況変化であると言えるだろう。

　なお，最近社会問題化しつつある，カメラ付き携帯電話による「デジタル万引き」は明らかに著作権と著作隣接権を侵害しかねない行為であるとともに，営業妨害行為でもある。現時点では犯罪と断定することは難しいが，少なくとも犯罪的行為であり，「万引き」した情報を情報通信ネットワーク上に流失させれば，明らかに法規制対象となるものである。一般常識としての知的財産権に関する知識の普及は急務であると言えるだろう。

（1） 知的財産権制度

　知的財産権とは，人間の幅広い知的な創造的活動の成果について，その創作

者に対して公的機関が一定期間の権利を認め，その保護のあり方について定めたものである。知的財産権には，創作意欲を促進するための「知的創造物についての権利」と，信用の維持のための「営業標識についての権利」の2大要素がある。知的財産権の中で，特許権，実用新案権，意匠権，商標権の四つを合わせて産業財産権と呼ぶ。これは，旧工業所有権のことであり，独占権の付与によって模倣防止を図り，研究開発の奨励や商取引の信用を維持しつつ産業・経済の発展を図ることを目的とするもので，特許庁が所管となる権利であるが，申請と審査，登録が必要となる。他方，文化の発展を図ることを目的としたものが著作権（著作隣接権を含む）であり，文化庁が所管となる権利である。著作物（人間が文字や記号，音や色彩などで表現したもの）を創作した時点で権利が発生する無方式主義のため，手続きは一切必要ない。特許法が技術的思想（アイデア）を保護するのに対し，著作権法は表現そのものを保護する点が相違である。

（2） 著作者の権利

著作者がもつ権利には，著作者人格権と著作権の二つがある。著作者人格権は，著作者だけがもつ権利で，譲渡・相続できない一身専属権である。他方，財産的な意味の著作権は譲渡・相続が可能である。

（3） 著作権

著作権の保護期間は，原則として著作者の生存期間及びその死後50年間である。著作権は，無方式主義にもとづいて自然発生する権利である。

小説，音楽，美術，映画，コンピュータプログラム等が著作権法上の著作物例としてあげられている。その他，編集物で素材の選択や配列によって創作性を有するものは，編集著作物として保護され，新聞，雑誌，百科事典等がこれに該当する。なお，著作物でも国民に広く開放して利用されることが必要な憲法・法律・条約・省令・条例などは著作権法の適用を受けない。

（4） 著作隣接権

著作隣接権は，著作物の公衆への伝達に重要な役割を果たしている者（実演

家，レコード製作者，放送事業者及び有線放送事業者）に与えられる権利で，実演，レコードへの固定，放送または有線放送を行った時点で無方式主義に基づいて自然発生する。この権利の保護期間は，実演，レコードへの固定，放送または有線放送が行われたときから50年間とされている。

著作隣接権に対する認知度は，まだまだ低い状況にあるが，現実には，著作権者と著作隣接権者が共同で著作権侵害の訴訟を起こすことが多い。通常起こり得る著作権侵害は，「各種メディアによって公表された著作物」の複製・配布行為によるものであり，著作隣接権についての十分な認識が必要である。

（5） 自由利用マークとEYEマーク

自由利用マークとは，著作者が自分の著作物を他人に自由に利用してもらって構わないと考えるときに表示するマークで，目的に合わせて3種類が用意されている。ほかにも，読書障害者支援のためのEYEマークがあるが，これらのマーク制度は，いまだに社会で広く認知されているとは言い難い状況がある。

（6） 学校教育における著作物の複製利用

現行の著作権法では，一定の条件を満たす場合に著作権者らに許諾を得ることなく利用できることを定めている（第30条〜第47条の3）。しかし，その条件は厳密に定められており，著作権が制限される場合でも著作者人格権は制限されないことに注意を要する（第50条）。また，規定に基づいて複製されたものでも，目的以外に使用することは禁じられている（第49条）。複製品の利用に際しては，原則として出所の明示をする必要もある（第48条）*。

2003年6月に「著作権法の一部を改正する法律」が成立した（施行は2004年1月1日）。この改正は，知的財産戦略大綱及び知的財産基本法を踏まえ，知的財産戦略を推進するための法整備の一環として行われたもので，産業財産権とも関連している。著作権における改正の概要は，a. 映画著作物の保護強化，b. 教育機関等での著作物活用の促進，c. 著作権侵害に対する司法救済の充実，の3点である。b.では，教育の情報化等に対応して各種著作物の活用を

---

* （1）〜（6）に関しては，文化庁のウェブサイト（http://www.bunka.go.jp/）を参照のこと。

促進するため，例外的な無許諾利用できる範囲を拡大するための改正点を四つ（コンピュータ教室等での児童・生徒等による複製。遠隔授業における教材等の送信。インターネット試験等での試験問題の送信。ボランティア等による拡大教科書の作成）あげている。特に大きな改正が行われたのは，「学校その他の教育機関における複製等」にかかわる第35条である。まず，従来の条文中「教育を担任する者は」が「教育を担当する者及び授業を受ける者は」と改められている。さらに，新たに次のように条文が付加されている。

「2　公表された著作物については，前項の教育機関における授業の過程において，当該授業を直接受ける者に対して当該著作物をその原作品若しくは複製物を提供し，若しくは提示して利用する場合又は当該著作物を第三十八条第一項の規定により上演し，演奏し，上映し，若しくは口述して利用する場合には，当該授業を同時に受ける者に対して公衆送信（自動公衆送信の場合にあっては，送信化を含む。）を行うことができる。ただし，当該著作物の種類及び用途並びに当該公衆送信の様態に照らし著作権者の利益を不当に害することとなる場合は，この限りではない」。

改正著作権法における「学校教育活動への著作権法の適用」では，マルチメディアの利用を前提としていることもあって，現行の著作権法に比べて相当に緩やかな適用となっており，学校教育活動が行いやすくなると言えそうである。

(7) 学校における著作権教育のパラドックス

「情報通信ネットワーク犯罪と法律」の項でも触れているが，著作権の尊重はモラルの問題ではなく，遵法行為としてとらえるべきものである。これを無視することは，触法行為であることを生徒に理解させなければならない。ところが学校の教員は，そうした教育活動を，著作権法の適用を例外的に免除されるという極めて特殊な環境のもとで行うのである。本来なら，明らかに私的利用の概念・範囲を逸脱するような，1学級全員に複製品を配布するということまでもが許されている。結局，そうした教員の著作権法違反的行為（例外的な合法行為）に触れながら生徒は著作権について学ぶことになる。論理的に考えるなら，これは極めて矛盾に満ちた活動である。教員は，このことを自覚しておくべきである。また，著作権法第35条で規定しているのは，あくまでも

「授業に複製品を用いる場合」にのみ認められる例外である。したがって，第35条は授業以外での著作権法適用の例外を認めているのではない。つまり，職員会議などでの複製品配布は触法行為になるということなのであり，このことも教員は自覚しておかなければならない。

(8) 指導上，教員が配慮すべきポイント

インターネットに代表される情報通信ネットワークの利用では，ウェブページの複製，ダウンロードは常識である。それがインターネットの特質であり，特長である。著作権法の精神と，インターネットの特質にかかわる問題は大変に根が深く，アメリカでは「ファイル交換サービス」を巡る訴訟にまでエスカレートしている。

インターネットを利用する授業に際しては，少なくとも著作物の一次利用と二次利用の区別をさせる必要がある。例えば，あるウェブページの人物写真を勝手に複製して，自分の著作物に貼りつけることは慎重であるべきで，少なくとも肖像権という問題が存在していること，写真に写っている人物が写真の一次利用しか認めていないかもしれないという可能性について配慮する必要があることを理解させなくてはならない。同様に，著作物の二次利用に際しては，著者及び原著者双方からの許諾が必要であることも理解させなくてはならない。しかも，こうした学習活動の末に完成した「作品」は，インターネットで配信すると著作権法に抵触する可能性が高いものが多いので注意を要する。

授業中に配布する複製資料にしても，それが当該授業活動で利用されるものだけに限る必要がある。たとえ生徒の学習活動の参考になるからといって，当該の授業に使わない複製資料まで生徒に配布するのは，著作権法の例外規定外の行為であると認識しておくべきである。

また，学習の参考資料としてウェブサイトのURLの一覧表を配布することは合法だが，ショートカットまで含めて複写・配布すると，ショートカット自体に著作権がある場合が多いため，著作権法に抵触することになる。こうした学習資料の配布などでは，教員側の慎重な行動が求められる。弁護士の開設したウェブページには，各種の事例解説がある。事前に十分な確認をするべきである。参考までに著作権関係機関を表A-1にまとめておく。

表A-1 著作権関係機関 (紙数の関係でURLは省略し,関係機関・団体名のみを掲げる)

著作権	文化庁文化部著作権課,(社)著作権情報センター, (財)消費者教育支援センター,日本知的財産協会
肖像権	肖像権・パブリシティ権擁護監視機構
音楽著作物	(社)日本音楽著作権協会(JASRAC),(社)日本レコード協会(RIAJ)
言語著作物	(協)日本脚本家連盟,(協)日本シナリオ作家協会, 日本文芸著作権保護同盟
複　写	日本複写権センター(JRRC)
コンピュータ ソフトウェア	(社)コンピュータソフトウェア著作権協会(ACCS)
ソフトウェア	(財)ソフトウェア情報センター
実　演	日本芸能実演家団体協議会
私的録音	(社)私的録音補償金管理協会(SARAH)
ビデオ	(社)日本映像ソフト協会
映　画	(社)日本映画製作者連盟
非劇場用映像	(社)映像文化製作者連盟,全国視聴覚教育研究連盟
放　送	日本放送協会,(社)日本民間放送連盟
雑　誌	(社)日本雑誌協会
出版物	(社)日本書籍出版協会
デザイン	(社)日本グラフィックデザイナー協会
写　真	全日本写真著作者同盟
美　術	(社)日本美術家連盟

3. 情報通信ネットワーク犯罪と法律

　今日の通信ネットワークの世界では,どこまでがモラル上の問題であり,どこからが犯罪(触法行為)であるのかが判然としない境界領域が存在している。しかもこの領域は,境界線が曖昧な上,極めて流動的で変化しやすい。たとえば,出会い系サイトやデジタル万引き等はその典型的な事例であろう。

　これは,通信ネットワークを支える2大要素のハードウェアとソフトウェア

が，各々独自進化する側面と，相互に相関性を保ちつつ進化する側面をもっており，どちらか一方に革新的な技術進化（技術革新）が生ずると，既存概念では想像できないような新しい可能性が短期間に世界規模で生まれるからである。

　また，コンピュータだけではなく，携帯電話の急速で広範な普及がますます情報通信ネットワークの状況を複雑にしている。

　情報通信ネットワークによって築かれる世界は仮想空間であるが，それは現実の空間に存在しており，また，その仮想空間上に現実空間の一部も存在している。たとえば，情報通信ネットワークで流される経済上の取引を示す数値は，貨幣としての実態が存在しないものではあるが，間違いなく現実の経済活動の一部でもあるということである。すなわち，情報通信ネットワーク上の情報は，仮想（虚像）でもあり現実（実像）でもあると言える。したがって，各種情報をどちらに解釈するのかは，情報通信ネットワークを利用しているユーザの主観と判断に頼らざるを得ない。ここに，通信ネットワーク上での犯罪が次々と生まれる最大の要因がある。そもそも情報通信ネットワークは，コンピュータの専門家集団によって「性善説」の立場のもとで構築されてきた。それは，「コンピュータネットワークのメリットのみを生かす」というコンセンサスをもったユーザ集団の独占物であり，そこではエチケット（ネチケット）やモラルという，法体系外での自主規制でも有効に機能してきたのである。そのため，そうしたコンピュータネットワークの系譜として発展してきた今日の情報通信ネットワークは，悪意による恣意的な行為に対しては極めてもろい一面をもっている。今日のように知識や認識レベルもまちまちのユーザが，世界規模で通信ネットワークを共有するようになると，既成の法体系や国内法だけでは対処しきれない事態も生ずるようになる。そのため，新しい法律が次々と作られるという状況が生まれ，かつてはモラル上の問題であったものが犯罪（触法行為）となる状況が生まれてきているのである。

　以下，通信ネットワーク上の犯罪や，現時点では犯罪とは言えないが道徳的に問題となっている各種の事例について示し，簡単な説明を加える。

　情報通信ネットワーク上の犯罪もしくは犯罪的行為に対処しようとするとき，一番大きな問題となるのは，恣意的・作為的な結果であるのか，無知さゆ

えの単純ミスによる結果なのかの判断が難しいことである。むしろ，自覚のないままに触法行為を行ってしまったという場合の方が事例的には多いかもしれない。

情報通信ネットワーク上の犯罪は，匿名性・仮想性に起因するもの，仮想空間がもつ利便性・瞬時性・大量性・容易性に起因するもの，双方に起因するものなど複雑な要因によって生じている。

（1）主に匿名性・仮想性に起因する問題

■ プライバシーの侵害

たとえば，暴露ストーカーと呼ばれるような，悪意のもとで個人情報を不特定多数に無断公開して人権侵害を犯す犯罪行為がある。この場合，各自治体の個人情報保護条例はあるものの，被害者が告訴して民事裁判を起こすしか対処方法がなかった。個人情報の流出に関しては，憲法第21条1項の表現の自由とかかわって，個人情報の流出に関する明確な法規制がないのが現状である。行政機関の扱う個人情報については「行政機関の保有する電子計算機処理に係わる個人情報の保護に関する法律」（昭和63年法律第95号）や「行政機関等個人情報保護法」（2003年5月30日公布）はあるものの民間に対しては強制力をもたない。旧通産省では「民間部門における電子計算機処理に係わる個人情報の保護に関するガイドライン」を定めたり，旧郵政省が「電気通信事業における個人情報保護に関するガイドライン」を定めている。また，（財）日本情報処理開発協会では旧通産省の上記ガイドラインに準拠したJISQ15001に適合した事業者にプライバシーマークの使用を認める制度を作っている。（財）日本データ通信協会でも個人情報保護登録センターを設置して「個人情報保護マーク」の使用を認めたりしているが決定的な成果を収めるには至っていない。なお，「行政機関等個人情報保護法」の成立により，事業者は本人から求められた場合は，個人データを開示，訂正，削除しなければならなくなった。

■ IDやパスワードの盗用，サイバーテロ（cyber terror）

ハッカーやクラッカーなどによる犯罪行為で，ユーザはファイアウォール（fire wall）などによる自己防衛の必要性がある。

ハッカー行為は，2000年2月13日から「不正アクセス行為の禁止等に関す

る法律」が施行されて犯罪行為となり，クラッカーによる破壊行為は「電子計算機損壊等業務妨害罪」（刑法第234条の2）が適用される犯罪行為である。ウイルスやワームを情報通信ネットワーク上に流す行為も，両法の適用となる。また，必ずしもサイバーテロリズムとはいえないが，メール爆弾（サーバ攻撃，個人攻撃）も業務妨害にあたる。近年多く見られる，ウェブページの改ざんなども不正アクセスであり，処罰の対象となる。最近は，中学生や高校生などが摘発される事例も増えている。

■ 誹謗・中傷・脅迫

現時点では，名誉毀損として個人が告訴するしか手はない。ただし，掲示板などに「殺す」などの書き込みをした場合，脅迫行為として摘発される可能性があり，最近では摘発事例が増加している。

■ なりすまし（spoofing）

情報通信ネットワークにおける特徴的な行為で，「出会い系」「チャット」「掲示板」などで他人になりすまし，誹謗中傷等を繰り返す悪質な行為である。

■ ネットストーカー行為（net stalker）

上記4項目の行為を，特定の人物に標的を定めて行う行為で，対策ソフトもあるが，現時点では専門家に対策依頼するか自己防衛するしか方法がない。

■ 「表現の自由」権とのかかわり

情報通信ネットワーク上においても，憲法で保障されている「表現の自由」権は尊重されるべきであるが，差別的表現やカルト的表現は有害情報とみなされる。

（2）仮想空間がもつ利便性・瞬時性・大量性・容易性に起因する問題

■ ネット販売・ネット競売（中古品販売）・ネット金融・クレジット番号流出

近年，盗品をネット上で販売したり，他人のIDとパスワードで不正入札したり，非合法品＝ブラック・マーケット（覚せい剤，児童ポルノ，わいせつ画等）の販売が増加している。ネットオークション業者に対しては「古物営業法」が2002年に改正されて適用されるようになった。また，（社）日本通信販売協会による優良業者の目安となる「オンラインマーク」表示の試みが行われている。しかし，インターネットによる電子取引は「特定商取引に関する法律」の

対象とはなるもののクーリングオフ制度の対象とはならず，購入者の自覚が必要である。また，マルチ商法（連鎖取引販売）・ねずみ講は「無限連鎖講防止法」によって規制されるが，アップロードされたサーバが国外にある場合には違法とすることができない。非合法品の販売は各種刑法で規制されるが，特に児童ポルノは，「児童の権利条約」とのかかわりから厳しく取り締まる傾向が強くなってきており，「児童買春・児童ポルノ禁止法」（1999年11月1日施行）で規制されている。販売業者に対しては「風俗営業等の規制および業務の適正化等に関する法律」（平成13年法律第52号）で規制がかかっている。警察庁では1999年からハイテク犯罪専従捜査体制（サイバーポリス）を整え，2002年からは，児童ポルノ画像自動検索通報システムの開発・本格運用を開始している。また，情報通信ネットワーク上での薬物の販売は，「薬事法第24条」で規制される。

クレジット番号等の流出については，現時点では具体的な対応策はなく，ユーザ自身の自衛意識の向上と，高度暗号化技術の開発が待たれる。

■ 偽情報による株価操作

こうした行為は，「証券取引法第158条」によって規制されている。

■ 不特定対象の異性，同性との簡単な接触

「出会い系」と呼ばれるサイトにかかわる問題で，携帯電話の急激な普及と所持者の低年齢化に伴って社会問題化してきた。2003年6月には「インターネット異性紹介事業を利用して児童を誘引する行為の規制等に関する法律」が成立し，「援助交際」「児童買春」を規制する法律が整備された。このほか，児童福祉法，売春防止法，児童買春・児童ポルノ禁止法，各種自治体条例などによる法規制が急速に整備されつつある。

■ ワン切り・Q^2回線への作為的な切り替えなどの詐欺的行為，スパムメール（spam mail）やジャンクメール（junk mail）などの迷惑メール

携帯電話での「ワン切り」についての法規制はないが，現在では携帯電話機能として対策されている場合が多いようである。Q^2については，ユーザが主体的に対策ソウトウェアを導入したり，接続業者との接続規制契約をするなど，自己防衛するしか方法はないようである。迷惑メールに関しては，2003年4月にいわゆる「改正特定商取引法」と「特定電子メール送信適正化法」が成立

し，同年7月から施行されている。同法の施行により，ユーザ側からは業者によるスパムメールへの対応がしやすくなった。

(3) 一般人の犯しやすい犯罪行為

情報通信ネットワーク上では，悪意のないままに犯罪的行為をしてしまう可能性があり，その代表的なものが著作権・著作隣接権・肖像権の侵害である。この問題は別項に譲るが，私的利用の範疇に関する判断がむずかしく大きな問題をはらんでいる。

(4) 犯罪とは断定できないが，今日的な社会問題となっているもの

チェーンメール (chain mail)，偽ウイルス情報，ブラックジャーナリスト，倒錯的・非道徳的ホームページ（偏向的思想，自殺系，カルト的反社会内容，差別的内容），携帯電話を用いたカンニングなどの不正行為，インターネット依存症とでもいうような心理的・精神的な影響など，以前には予想もできなかったようなさまざまな社会問題が生まれつつある。ただし，最近のカメラ付き携帯電話による「デジタル万引き」は明らかに犯罪的行為であり，「万引き」した情報を情報通信ネットワーク上に流失させれば，明らかに法規制対象となる。

情報通信ネットワークにおける根源的な問題は，情報通信ネットワークにおけるやり取りを監視し，法による規制を加えることが，憲法に保障された「表現の自由権」や「通信の秘密」を侵害しかねないというところにある。また，仮に積極的に監視や規制を行ったとしても，海外と一体化した情報通信ネットワークに対して実効のある制限を加えることは技術的にも困難であるということにある。

［参考］
- 警察庁は，1999年から「ハイテク犯罪対策センター（ナショナルセンター）」を設置し，民間団体の「サイバー・ウォッチ・ネットワーク」と連携活動を行っている。
- 2002年には，情報技術（IT）の発展やネットワーク社会における法制度のあり方を研究する「情報ネットワーク法学会」が発足している。

- 情報通信ネットワーク上の「有害情報」に対しては，「NPO子どもを有害サイトから守る会」などが活動しており，2003年3月には「『子どもとインターネット』に関するNPOなどについての調査研究——米国を中心に——報告書」をまとめている。近年，インターネット上の有害情報に関する対策会議・研究会が多数設置され，各種の調査報告書も多数刊行されている。こうした報告書についての詳細は，警察庁，文部科学省，旧総務庁，旧郵政省，内閣府政策統括官，(財)社会安全研究財団，(財)コンピュータ教育開発センター，(社)日本PTA全国協議会などのウェブサイトを参照していただきたい。

4．メディアリテラシーとクリティカルシンキング

インターネットを利用していく上で解決したい問題や直面する問題は数限りなくあり，すべての事例をあげて，教えることは不可能である。また，将来，インターネットがもっと発展し，現在では想像がつかない使い方がされるようになるかもしれない。そのような場合でも対応できる力をつけるには根本的な考え方を養う必要がある。

ここではクリティカルシンキング[*1]を紹介する。クリティカルシンキングは人の意見や自分の思い込みに左右されずに，冷静に筋道を立てて，いろいろな角度から考えるための思考方法である。いろいろな局面でバランスよく正確に自分で判断し，また単に知識と論理だけで解決するものではなく，道徳的な観点や思いやりの観点も含めて判断することが必要である。教科「情報」の授業において，生徒自身が情報の送受信をする際のチェックリストとして示すと有効である（佐川睦氏のリスト[*2]を高校生向けに文章表現を修正したものである）。

<思考面>
1. 今考えていることの目的について
    はっきりしているか？　　　重要か？　　　達成可能か？　　　一貫しているか？
2. 解決すべき問題は何か？

[*1] Richard Paul : Critical thinking : what every person needs to survive in a rapidly changing world Publisher: Center for Critical Thinking and Moral Critique, Sonoma State University; ASIN: 0944583040
[*2] 佐川　睦「思考のスタンダード」「クリティカルシンキングの知的習性・気質」，http://homepage3.nifty.com/mmsagawa/hooked/ct.html

はっきりしているか?　　　重要か?　　　回答可能か?　　　適切か?
3. 他の視点から考えたか?　違った視野ももっているか?
　　　柔軟か?　　公平か?　　はっきりしているか?　　幅広いか?
4. 根拠はあるか?
　　　はっきりしているか?　　　適切か?　　　公平に集めて，報告されているか?
　　　正確か?　　十分か?　　適用に一貫性があるか?
5. その物事のもとになっている考えは何か? それはどういうものなのか?
　　　はっきりしているか?　　　適切か?　　　深いか?　　　中立的か?
6. 推測や仮定を確認しているか?
　　　はっきりしているか?　　　筋が通っているか?　　　一貫しているか?
7. それをするとどうなっていたと思うか? また，その理由は?
　　　重要か?　　現実的か?　　はっきりしているか?　　的確か?
　　　完全か?（何かが抜けていないか）
8. 推理から結論に至るまでに無理はなかったか?
　　　推論ははっきりしているか?　　　推論は正当と認められるか?
　　　結論は意味深いか?　　　結論は論理的か?　　　結論は一貫しているか?

＜気持ちの面＞
1. 知的謙遜
   自分の知識の限界に気づいて，独りよがりになったり，独断的にならないように気をつけているか?
2. 知的勇気
   これまでまじめに考えたことがないことや自分がこれまで信じてきたことと違うことでも，しっかりと考えることができるか?
3. 知的共感
   いつも相手の立場に立って考えるようにしているか?
4. 知的誠実さ
   自分自身の考え方に間違いを見つけた際，その考え方を正直に受け入れられるか?
5. 知的忍耐
   しっかりと観察，調査し，正しく考えることをねばり強く行っているか?
6. 論理への信頼
   筋道を立てて考えることは正しい判断を導くんだという信頼をもっているか?
7. 公平さ
   自己の感情や損得，友だちや家族，自分のグループなどの損得を考えずにすべてのものの見方を公平に扱うことができているか?

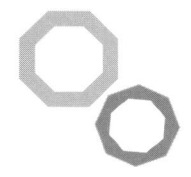

付録 B
学習指導要領と関連答申

1. 学習指導要領（抄録）

■ 高等学校学習指導要領（1999年3月29日告示）

第2章　普通教育に関する各教科
(http://www.mext.go.jp/b_menu/shuppan/sonota/990301d/990301k.htm)
第10節　情　報
第1款　目　標

情報及び情報技術を活用するための知識と技能の習得を通して，情報に関する科学的な見方や考え方を養うとともに，社会の中で情報及び情報技術が果たしている役割や影響を理解させ，情報化の進展に主体的に対応できる能力と態度を育てる。

第2款　各科目
第1　情報A
1　目　標

コンピュータや情報通信ネットワークなどの活用を通して，情報を適切に収集・処理・発信するための基礎的な知識と技能を習得させるとともに，情報を主体的に活用しようとする態度を育てる。

2　内　容
(1) 情報を活用するための工夫と情報機器
　　ア　問題解決の工夫

問題解決を効果的に行うためには，目的に応じた解決手順の工夫とコンピュータや情報通信ネットワークなどの適切な活用が必要であることを理解させる。

　　イ　情報伝達の工夫

情報を的確に伝達するためには，伝達内容に適した提示方法の工夫とコンピュータや情報通信ネットワークなどの適切な活用が必要であることを理解させる。

(2) 情報の収集・発信と情報機器の活用
　　ア　情報の検索と収集

情報通信ネットワークやデータベースなどの活用を通して，必要とする情報を効率的に検索・収集する方法を習得させる。

　イ　情報の発信と共有に適した情報の表し方

情報を効果的に発信したり，情報を共有したりするためには，情報の表し方に工夫や取決めが必要であることを理解させる。

　ウ　情報の収集・発信における問題点

情報通信ネットワークやデータベースなどを利用した情報の収集・発信の際に起こり得る具体的な問題及びそれを解決したり回避したりする方法の理解を通して，情報社会で必要とされる心構えについて考えさせる。

(3) 情報の統合的な処理とコンピュータの活用

　ア　コンピュータによる情報の統合

コンピュータの機能とソフトウェアとを組み合わせて活用することを通して，コンピュータは多様な形態の情報を統合できることを理解させる。

　イ　情報の統合的な処理

収集した多様な形態の情報を目的に応じて統合的に処理する方法を習得させる。

(4) 情報機器の発達と生活の変化

　ア　情報機器の発達とその仕組み

情報機器の発達の歴史に沿って，情報機器の仕組みと特性を理解させる。

　イ　情報化の進展が生活に及ぼす影響

情報化の進展が生活に及ぼす影響を身のまわりの事例などを通して認識させ，情報を生活に役立て主体的に活用しようとする心構えについて考えさせる。

　ウ　情報社会への参加と情報技術の活用

個人が情報社会に参加する上でコンピュータや情報通信ネットワークなどを適切に使いこなす能力が重要であること及び将来にわたって情報技術の活用能力を高めていくことが必要であることを理解させる。

3　内容の取扱い

(1) 内容の(1)の実習については，内容の(2)及び(3)とのつながりを考慮したものを扱うようにする。アについては，一つの問題に対し，複数の解決方法を試み，それらの結果を比較する実習を，イについては，プレゼンテーション用ソフトウェアなどを活用した実習を扱うようにする。

(2) 内容の(2)については，情報通信ネットワークなどを活用した実習を中心に扱うようにする。アについては，情報の検索・収集の工夫と情報を提供する側の工夫との関連性に触れるものとする。イについては，情報の利用の仕方に応じた表し方の選択や，情報の作成，利用にかかわる共通の取決めの必要性を扱うものとする。

ウについては，情報の伝達手段の信頼性，情報の信憑性，情報発信に当たっての個人の責任，プライバシーや著作権への配慮などを扱うものとする。

(3) 内容の (3) のアについては，周辺機器やソフトウェアなどの活用方法を扱うが，技術的な内容に深入りしないようにする。イについては，多様な形態の情報を統合的に活用することが必要な課題を設定し，文書処理，表計算，図形・画像処理，データベースなどのソフトウェアを目的に応じて使い分けたり組み合わせたりして活用する実習を中心に扱うようにする。

(4) 内容の (4) のアについては，いろいろな情報機器についてアナログとディジタルとを対比させる観点から扱うとともに，コンピュータと情報通信ネットワークの仕組みも扱うものとする。その際，技術的な内容に深入りしないようにする。イについては，情報化の進展に伴う生活スタイルや仕事の内容・方法などの変化を調べたり，討議したりする学習を取り入れるようにする。ウについては，内容の (1) から (4) のイまでの学習と関連させて扱うようにする。

第2 情報B

1 目　標

コンピュータにおける情報の表し方や処理の仕組み，情報社会を支える情報技術の役割や影響を理解させ，問題解決においてコンピュータを効果的に活用するための科学的な考え方や方法を習得させる。

2 内　容

(1) 問題解決とコンピュータの活用

　ア　問題解決における手順とコンピュータの活用

問題解決においては，解決の手順と用いる手段の違いが結果に影響を与えること及びコンピュータの適切な活用が有効であることを理解させる。

　イ　コンピュータによる情報処理の特徴

コンピュータを適切に活用する上で知っておくべきコンピュータによる情報処理の長所と短所を理解させる。

(2) コンピュータの仕組みと働き

　ア　コンピュータにおける情報の表し方

文字，数値，画像，音などの情報をコンピュータ上で表す方法についての基本的な考え方及び情報のディジタル化の特性を理解させる。

　イ　コンピュータにおける情報の処理

コンピュータの仕組み，コンピュータ内部での基本的な処理の仕組み及び簡単なアルゴリズムを理解させる。

ウ　情報の表し方と処理手順の工夫の必要性
　コンピュータを活用して情報の処理を行うためには，情報の表し方と処理手順の工夫が必要であることを理解させる。
　(3) 問題のモデル化とコンピュータを活用した解決
　　　ア　モデル化とシミュレーション
　身のまわりの現象や社会現象などを通して，モデル化とシミュレーションの考え方や方法を理解させ，実際の問題解決に活用できるようにする。
　　　イ　情報の蓄積・管理とデータベースの活用
　情報を蓄積・管理するためのデータベースの概念を理解させ，簡単なデータベースを設計し，活用できるようにする。
　(4) 情報社会を支える情報技術
　　　ア　情報通信と計測・制御の技術
　情報通信と計測・制御の仕組み及び社会におけるそれらの技術の活用について理解させる。
　　　イ　情報技術における人間への配慮
　情報技術を導入する際には，安全性や使いやすさを高めるための配慮が必要であることを理解させる。
　　　ウ　情報技術の進展が社会に及ぼす影響
　情報技術の進展が社会に及ぼす影響を認識させ，情報技術を社会の発展に役立てようとする心構えについて考えさせる。

　3　内容の取扱い
　(1) 内容の (1) については，(2) 以降の内容の基礎となる体験ができるような実習を扱うようにする。アについては，問題解決の手順を明確に記述させる指導を取り入れるようにする。イについては，人間とコンピュータの情報処理を対比させて，コンピュータの処理の高速性を示す例や，人間にとっては簡単な情報処理がコンピュータでは必ずしも簡単ではない例などを体験できる実習を扱うようにする。
　(2) 内容の (2) については，コンピュータや模型などを使った学習を取り入れるようにする。ア及びイについては，図を用いた説明などによって基本的な考え方を理解させることを重視するようにする。イのコンピュータ内部での基本的な処理の仕組みについては，一つ一つの命令がステップで動いていることを扱う程度とする。アルゴリズムの具体例については，並べ替えや探索などのうち，基本的なものにとどめるようにする。ウについては，生徒自身に工夫させることができる簡単な課題を用いて，実習を中心に扱い，結果を生徒同士で相互評価させるような学習を取り入れるようにする。

(3) 内容の (3) については，ソフトウェアやプログラミング言語を用い，実習を中心に扱うようにする。その際，ソフトウェアの利用技術やプログラミング言語の習得が目的とならないようにする。ア及びイについては，基本的な考え方は必ず扱うが，実習については，生徒の実態等に応じ，いずれかを選択して扱うことができる。アについては，内容の (2) のイ，ウ及び (4) のアと関連付けた題材や，時間経過や偶然性に伴って変化する現象などのうち，簡単にモデル化できる題材を扱い，数理的，技術的な内容に深入りしないようにする。

(4) 内容の (4) のアについては，動作を確認できるような学習を取り入れるようにする。ウについては，情報技術の進展が社会に及ぼす影響について，情報通信ネットワークなどを活用して調べたり，討議したりする学習を取り入れるようにする。

第3 情報C
1 目 標
情報のディジタル化や情報通信ネットワークの特性を理解させ，表現やコミュニケーションにおいてコンピュータなどを効果的に活用する能力を養うとともに，情報化の進展が社会に及ぼす影響を理解させ，情報社会に参加する上での望ましい態度を育てる。

2 内 容
(1) 情報のディジタル化
　　ア 情報のディジタル化の仕組み
コンピュータなどにおける，文字，数値，画像，音などの情報のディジタル化の仕組みを理解させる。
　　イ 情報機器の種類と特性
身のまわりに見られる情報機器について，その機能と役割を理解させるとともに，ディジタル化により多様な形態の情報が統合的に扱えることを理解させる。
　　ウ 情報機器を活用した表現方法
情報機器を活用して多様な形態の情報を統合することにより，伝えたい内容を分かりやすく表現する方法を習得させる。
(2) 情報通信ネットワークとコミュニケーション
　　ア 情報通信ネットワークの仕組み
情報通信ネットワークの仕組みとセキュリティを確保するための工夫について理解させる。
　　イ 情報通信の効率的な方法

情報伝達の速度や容量を表す単位について理解させるとともに，情報通信を速く正確に行うための基本的な考え方を理解させる。
　　ウ　コミュニケーションにおける情報通信ネットワークの活用
　電子メールや電子会議などの情報通信ネットワーク上のソフトウェアについて，コミュニケーションの目的に応じた効果的な活用方法を習得させる。
　(3)　情報の収集・発信と個人の責任
　　ア　情報の公開・保護と個人の責任
　多くの情報が公開され流通している実態と情報の保護の必要性及び情報の収集・発信に伴って発生する問題と個人の責任について理解させる。
　　イ　情報通信ネットワークを活用した情報の収集・発信
　身のまわりの現象や社会現象などについて，情報通信ネットワークを活用して調査し，情報を適切に収集・分析・発信する方法を習得させる。
　(4)　情報化の進展と社会への影響
　　ア　社会で利用されている情報システム
　社会で利用されている代表的な情報システムについて，それらの種類と特性，情報システムの信頼性を高める工夫などを理解させる。
　　イ　情報化が社会に及ぼす影響
　情報化が社会に及ぼす影響を様々な面から認識させ，望ましい情報社会の在り方を考えさせる。

　3　内容の取扱い
　(1)　内容の (1) のアについては，文字コード，2進数表現，標本化などについて，図を用いた説明などによって基本的な考え方を扱い，数理的，技術的な内容に深入りしないようにする。ウについては，実習を中心に扱い，生徒同士で相互評価させる学習を取り入れるようにする。
　(2)　内容の (2) のアのセキュリティを確保するための工夫については，身近な事例を通して，個人認証や暗号化の必要性，情報通信ネットワークの保守・管理の重要性などを扱うものとする。イについては，誤り検出・訂正，情報の圧縮などの原理を平易に扱うものとする。ウについては，実習を中心に扱うようにする。
　(3)　内容の (3) のアの情報の保護の必要性については，プライバシーや著作権などの観点から扱い，情報の収集・発信に伴って発生する問題については，誤った情報や偏った情報が人間の判断に及ぼす影響，不適切な情報への対処法などの観点から扱うようにする。イについては，適切な題材を選び，情報の収集から分析・発信までを含めた一連の実習を中心に扱うようにする。情報の分析については，表計算ソフトウェアなどの簡単な統計分析機能やグラフ作成機能などを扱うようにする。

(4) 内容の (4) のイについては，情報化が社会に及ぼす影響を，情報通信ネットワークなどを活用して調べたり，討議したりする学習を取り入れるようにする。

第3款 各科目にわたる指導計画の作成と内容の取扱い
1 指導計画の作成に当たっては，次の事項に配慮するものとする。
(1) 中学校での学習の程度を踏まえるとともに，情報科での学習が他の各教科・科目等の学習に役立つよう，他の各教科・科目等との連携を図ること。
(2) 各科目の目標及び内容等に即してコンピュータや情報通信ネットワークなどを活用した実習を積極的に取り入れること。原則として，「情報A」では総授業時数の2分の1以上を，「情報B」及び「情報C」では総授業時数の3分の1以上を，実習に配当すること。
(3) 情報機器を活用した学習を行うに当たっては，生徒の健康と望ましい習慣を身に付ける観点から，照明やコンピュータの使用時間などに留意すること。
2 内容の取扱いに当たっては，次の事項に配慮するものとする。
(1) 各科目の指導においては，内容の全体を通して情報モラルの育成を図ること。
(2) 授業で扱う具体例などについては，情報技術の進展に対応して適宜見直す必要があるが，技術的な内容に深入りしないよう留意すること。

第3章 専門教育に関する各教科…略
(http://www.mext.go.jp/b_menu/shuppan/sonota/990301d/990301s.htm)

■ 中学校学習指導要領（1998年12月14日告示）
第2章 各教科
(http://www.mext.go.jp/b_menu/shuppan/sonota/990301c/990301h.htm)
第8節 技術・家庭科
第2 各分野の目標及び内容 〔技術分野〕
1 目 標
実践的・体験的な学習活動を通して，ものづくりやエネルギー利用及びコンピュータ活用等に関する基礎的な知識と技術を習得するとともに，技術が果たす役割について理解を深め，それらを適切に活用する能力と態度を育てる。

2 内 容
B 情報とコンピュータ
(1) 生活や産業の中で情報手段の果たしている役割について，次の事項を指導する。

ア　情報手段の特徴や生活とコンピュータとのかかわりについて知ること。
　　　イ　情報化が社会や生活に及ぼす影響を知り，情報モラルの必要性について考えること。
　(2)　コンピュータの基本的な構成と機能及び操作について，次の事項を指導する。
　　　ア　コンピュータの基本的な構成と機能を知り，操作ができること。
　　　イ　ソフトウェアの機能を知ること。
　(3)　コンピュータの利用について，次の事項を指導する。
　　　ア　コンピュータの利用形態を知ること。
　　　イ　ソフトウェアを用いて，基本的な情報の処理ができること。
　(4)　情報通信ネットワークについて，次の事項を指導する。
　　　ア　情報の伝達方法の特徴と利用方法を知ること。
　　　イ　情報を収集，判断，処理し，発信ができること。
　(5)　コンピュータを利用したマルチメディアの活用について，次の事項を指導する。
　　　ア　マルチメディアの特徴と利用方法を知ること。
　　　イ　ソフトウェアを選択して，表現や発信ができること。
　(6)　プログラムと計測・制御について，次の事項を指導する。
　　　ア　プログラムの機能を知り，簡単なプログラムの作成ができること。
　　　イ　コンピュータを用いて，簡単な計測・制御ができること。
　3　内容の取り扱い
　(2)　内容の「B情報とコンピュータ」については，次のとおり取り扱うものとする。
　　　ア　(1)のアについては，身近な事例を通して情報手段の発展についても簡単に扱うこと。(1)のイについては，インターネット等の例を通して，個人情報や著作権の保護及び発信した情報に対する責任について扱うこと。
　　　イ　(3)のイについては，生徒の実態を考慮し文書処理，データベース処理，表計算処理，図形処理等の中から選択して取り上げること。
　　　ウ　(4)については，コンピュータを利用したネットワークについて扱うこと。
　　　エ　(6)のイについては，インタフェースの仕組み等に深入りしないこと。

第3　指導計画の作成と内容の取扱い
1　指導計画の作成に当たっては，次の事項に配慮するものとする。
(1)　技術分野及び家庭分野の授業時数については，3学年間を見通した全体的な指導計画に基づき，いずれかの分野に偏ることなく配当して履修させること。その際，技術分野の内容の「A技術とものづくり」及び「B情報とコンピュータ」並びに家庭分野の内容の「A生活の自立と衣食住」及び「B家族と家庭生活」それぞれの(1)から(4)の項目については，すべての生徒に履修させること。また，技術分野の内

容の「A技術とものづくり」及び「B情報とコンピュータ」並びに家庭分野の内容の「A生活の自立と衣食住」及び「B家族と家庭生活」それぞれの（5）及び（6）の項目については，各分野ごとに4項目のうち1又は2項目を選択して履修させること。

(2) 技術分野の内容の「A技術とものづくり」及び「B情報とコンピュータ」並びに家庭分野の内容の「A生活の自立と衣食住」及び「B家族と家庭生活」の各項目に配当する授業時数及び履修学年については，地域，学校及び生徒の実態等に応じて，各学校において適切に定めること。

(3) 各項目及び各項目に示す事項については，相互に有機的な関連を図り，総合的に展開されるよう適切な題材を設定して計画を作成すること。

2 各分野の内容の指導については，次の事項に配慮するものとする。

(1) 実践的・体験的な学習活動を中心とし，仕事の楽しさや完成の喜びを体得させるようにすること。

(2) 生徒が自分の生活に結び付けて学習できるよう，問題解決的な学習を充実すること。

3 実習の指導に当たっては，施設・設備の安全管理に配慮し，学習環境を整備するとともに，火気，用具，材料などの取扱いに注意して事故防止の指導を徹底し，安全と衛生に十分留意するものとする。

4 選択教科としての「技術・家庭」においては，生徒の特性等に応じ多様な学習活動が展開できるよう，第2の内容その他の内容で各学校が定めるものについて，課題学習，基礎的・基本的な知識と技術の定着を図るための補充的な学習，地域の実態に即したり各分野の内容を統合したりする発展的な学習などの学習活動を各学校において適切に工夫して取り扱うものとする。

2．関連答申（抄録）

■ 中央教育審議会「21世紀を展望した我が国の教育の在り方について（第一次答申）」1996年7月19日

(http://www.mext.go.jp/b_menu/shingi/12/chuuou/toushin/960701.htm)
第3部 国際化，情報化，科学技術の発展等社会の変化に対応する教育の在り方
第3章 情報化と教育
[1] 情報化と教育
[2] 情報教育の体系的な実施
[3] 情報機器，情報通信ネットワークの活用による学校教育の質的改善

［4］高度情報通信社会に対応する「新しい学校」の構築
［5］情報化の「影」の部分への対応
［1］情報化と教育…（抄録）
　我々が情報化の進展と教育について考えたポイントは二つである。
　一つは，情報化が進展するこれからの社会に生きていく子供たちに，どのような教育が必要かということであり，もう一つは，子供たちの教育の改善・充実のために，コンピュータや情報通信ネットワーク等の力をどのようにしたら生かしていくことができるか，どのように生かしていくべきかということである。
　そして，我々は，これらについて特に次のような点に留意して，教育を進めていく必要があると考えた。
　(a) 初等中等教育においては，高度情報通信社会を生きる子供たちに，情報に埋没することなく，情報や情報機器を主体的に選択し，活用するとともに，情報を積極的に発信することができるようになるための基礎的な資質や能力，すなわち，「高度情報通信社会における情報リテラシー（情報活用能力）」の基礎的な資質や能力を育成していく必要があること。
　(b) 学校は，情報機器やネットワーク環境を整備し，これらの積極的な活用により，教育の質的な改善・充実を図っていく必要があること。
　(c) 情報機器やネットワーク環境の整備をはじめ，学校の施設・設備全体の高機能化・高度化を図り，学校自体を高度情報通信社会に対応する「新しい学校」にしていく必要があること。
　(d) 情報化の進展については，様々な可能性を広げるという「光」の部分と同時に，人間関係の希薄化，生活体験・自然体験の不足の招来，心身の健康に対する様々な影響等の「影」の部分が指摘されている。教育は，これらの点を克服しつつ，何よりも心身ともに調和のとれた人間形成を目指して進められなければならないこと。

■情報化の進展に対応した初等中等教育における情報教育の推進等に関する調査研究協力者会議第1次報告「体系的な情報教育の実施に向けて」1997年10月3日
(http://www.mext.go.jp/b_menu/shingi/chousa/shotou/002/toushin/971001.htm)
＜目　次＞
はじめに

付録B　学習指導要領と関連答申

第1章 情報教育の現状
　1. 現行学習指導要領における情報教育の位置づけ
　2. 情報教育の実施状況
　3. 情報教育を進める上での課題
　4. 情報教育の内容の体系化の視点
第2章 これからの学校教育の在り方と情報教育の役割
　1. 情報教育の目標
　2. 発達段階に応じたカリキュラム編成
　3. 情報教育の体系
　4. 情報教育と教科の枠組み
第3章 次期学習指導要領の改訂に向けた提言
　1. 各学校段階における情報教育の実施に関する基本的な考え方
　2. 既存教科等における「情報活用の実践力」の育成
　3. 今後の情報教育の展開に向けて
　今後の課題等

■ 教育課程審議会「幼稚園，小学校，高等学校，盲学校，聾学校及び養護学校の教育課程の基準の改善について（答申）」1998年7月29日
　(http://www.mext.go.jp/b_menu/shingi/12/kyouiku/toushin/980703.htm)

■「情報教育の実践と学校の情報化〜新「情報教育に関する手引き」〜」2002年6月
　(http://www.mext.go.jp/a_menu/shotou/zyouhou/020706.htm)

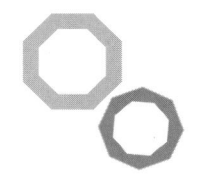

付録 C
本書で紹介した教材・教具

ここでは第4章・第5章の授業に用いた教材・教具を紹介する。

■ 「通信・ネットワーク」系の教材・教具
- 『コンピュータネットワークでひらくものづくりの技術(上巻)改訂版 ためしてわかる通信とネットワーク〜電話からインターネットまで〜』 生徒用テキスト500円（税込），技術教育研究会，2003年5月改訂版第1版 (技術教育研究会ウェブサイト http://www.ne.jp/asahi/tech/gikyouken/)
- おもしろ通信教材セット
  監修　技術教育研究会

OTSU-01 ミニプラグコード	300円（税別）
OTSU-02 ニップル球コード付	280円（税別）
OTSU-03 LEDコード付	360円（税別）
OTSU-04 フォトトランジスタ	660円（税別）
OTSU-05 スピーカキット（2ヶ組）	900円（税別）
OTSU-06 太陽電池キット	1,450円（税別）
OTSU-07 送信機キット（完）	800円（税別）
OTSU-08 受信機キット（完）	2,950円（税別）
OTSU-09 光ファイバー2m	300円（税別）
OTSU-10 高輝度LED	160円（税別）
OTSU-11 検波用ダイオード	80円（税別）
OTSU-12 エナメル線0.3mm 1m	20円（税別）
OTSU-13 保管用ケース	700円（税別）
以上12点 一式	9,000円（税別）

写真 C-1　おもしろ通信教材セットの一覧

付録 C　本書で紹介した教材・教具

　　　販売　　SGK 桜井技術教材社
　　　　　　　東京都葛飾区立石 8-44-30
　　　　　　　TEL&FAX　03-3696-7185
　　　　　　　ウェブサイト　http://www5a.biglobe.ne.jp/~sgk/
　　　　　　　E-mail　sgk-sakurai@mri.biglobe.ne.jp
- 「SPEANA」http://www.vector.co.jp/soft/win31/art/se074351.html
- 周波数学習ソフト「Hz」http://www.gijyutu.com/g-soft/hz/
- 「見てネット」http://www.gijyutu.com/g-soft/mitenet/

■ 「制御・ネットワーク」系の教材・教具
- 入・出力ボード　　　　SITE-B3　　　15,000 円（税別）
- 専用 AC アダプター　　DC300mA　　　1,500 円（税別）
- 模型車　　　　　　　　SITE-C3　　　4,950 円（税別）
- 運ぶ君（半組立済オート三輪車取付用）
　　　　　　　　　　　　SITE-H1　　　2,200 円（税別）
- 『コンピュータネットワークでひらくものづくりの技術（下巻）自動化からはじめるコンピュータ学習～Windows 版オートマ君で自動機械の世界を歩こう～』生徒用テキスト 500 円（税込），技術教育研究会，2003 年 4 月改訂第 3 版
- 自動化簡易言語「オートマ君」http://www.gijyutu.com/g-soft/automa/
- プログラミング言語「ドリトル」http://www.logob.com/dolittle/
- 超簡易 3D editor「立体グリグリ」http://www.gijyutu.com/g-soft/guriguri/

索　引

● あ

圧縮技術　84
アナログ通信技術　50
アルゴリズム　125, 126

インターネット　20, 76, 78, 79

オートマ君　90, 91, 96
オートメーション　18
オープンソース　147
オブジェクト　111, 118, 122
　——サーバ　122
　——指向　118, 119, 128
　——の共有　121
　——バンク構想　124

● か

可逆圧縮　85
学習指導案　45
学習指導要領　3, 4, 37
学習者参画型データベース　143
学　力　36
仮想性　165
仮想統合　23

企業組織　148
技術・家庭科　3
技術リテラシー教育　6
教育課程審議会　3, 4

協　業　50
教材研究　42

クリティカルシンキング　169

経験知　140, 141, 144

交換機　65, 66, 73, 74
高等学校新教科「情報」に係る現職教員等
　講習会　16
高度情報通信社会　14
コンテンツ　84
コンピュータ　3, 12, 36, 49, 59, 72, 88
　——・リテラシー教育　5
　——化　7, 8
　——制御　100
　——ネットワーク　70, 72

● さ

サーバ　122
最適化　125, 126
サウンドレコーダー　59
坂元昂　5
産業財産権　159, 160

自己評価　44
自走車　128, 129
失敗データベース　140, 141, 143, 144
自動化　88
自由利用マーク　160

185

瞬時性　165, 166
肖像権　162, 163
情　報　3, 10
　——圧縮技術　85
　——化　3, 6
　——化への対応　3
　——革命　148
　——活用能力　3, 4, 5
　——活用の実践力　37, 140, 141
　——教育の目標　37
　——の科学的な理解　37
　——モラル　145
　——リテラシー　3, 6
　——倫理　145
情報技術　6, 13, 16, 49, 50, 51, 148
　——の技術観・労働観　49, 51
情報基礎　3, 5, 6, 48, 49, 148
情報共有　141, 144
　——のパートナーシップ　24
情報社会に参画する態度　37
情報処理教育　6
情報通信技術　55
情報通信ネットワーク　8, 19, 49, 84, 90, 110, 158
　——犯罪　161, 163

垂直統合型企業経営　20
水平分業型企業経営　21
スピーカ　55, 57, 60, 62, 63, 64

制　御　117, 129
制御技術から情報通信ネットワークへ　11
設　計　137
絶対評価　43
専門教科「情報」　14

相対評価　43

増幅器　63, 64

● た

大量性　165, 166
多品種変量生産　51

チームワーク　148
チェーンメール　72, 144, 145, 146
知的財産権　158
知的財産基本法　160
知的財産戦略大綱　160
中央教育審議会　4
著作権　158, 159, 160, 163
　——教育　161
　——法　159, 160, 161
著作者人格権　159, 160
著作隣接権　158, 159
　——者　160

通信技術から情報通信ネットワークへ

ディジタル　82
　——化　84
　——概念　82
　——データ　145, 147
データベース　51
デジタル進化論　82
電気信号　57, 59, 60, 62, 64
電話交換機網　50

到達度評価　44
到達目標　44
匿名性　165
ドリトル　111, 118, 119, 125, 128

● な

永野和男　5

ネチケット　72, 164
ネットワーク　117, 121
　　——学習　124
　　——セキュリティ　153, 156

は

バーチャル・インテグレーション　23
バーチャルカンパニー　74
パケット　79, 81
発問　46

光通信　64
非常時・重要通信　153, 155, 156

不可逆圧縮　85
複製利用　160
輻輳　155
普通教育としての情報技術教育
普通教科「情報」　12, 14
プライバシー　165
ブロードバンド　84
プログラミング　88, 89, 117, 125, 128, 135, 136
　　——学習　124
プログラム　110
　　——共有　122
分業　50
分散型サービス不能攻撃　153
分担開発　95

平行プログラミング　125, 128

ま行

マイコン　100, 136
町工場のIT革命　26

マルチメディア　49, 84
見てネット　70, 72

メディア教育　5
メディアリテラシー　169
メディア・リテラシー教育　6

モラルジレンマ　145
文部科学省　16

や

山内祐平　6

容易性　165, 166

ら

ライセンス　148
ランレングス符号化方式　85

立体グリグリ　138
利便性　165, 166
臨時教育審議会　3

ルータ　70, 74, 78, 79,
ルーティング　79, 81

労働　135
　　——現場　148
ロボット開発　116
ロボット制御　110, 111

わ

ワンチップ化　51

索　引

CAD　138

DDoS　153

E-コラボレーション　25
EMS　24
EYEマーク　160

Hz　60

IAA　156

IPアドレス　70, 72, 73, 74

JPEG方式　85

PICマイコン　128, 129

SCM　21
SPEANA　59

TCP　78, 81

〈著者および編集協力者〉(五十音順)

〈編著者代表〉
本多　満正（東京大学教育学部附属中等教育学校科学・技術科教諭）
　［職　　歴］東京都公立学校教諭を経て，2000年より現職
　［執筆担当］第1章，第3章第3節，第4章第3節，第6章第3節，付録B・C

〈編著者〉
坂口　謙一（東京学芸大学教育学部助教授）
　［職　　歴］高知大学教育学部助教授を経て，1999年より現職
　［執筆担当］第1章第2・3節，第2章第1節

長谷川元洋（金城学院大学現代文化学部助教授）
　［職　　歴］三重県公立学校等教諭を経て，2002年より現職
　［執筆担当］第4章第2・4節，第5章第4節，第6章第2節，付録A第4節）

丸山　剛史（芝浦工業大学講師，工学院大学非常勤講師）
　［職　　歴］工学院大学教職課程非常勤講師を経て，2003年より現職
　［執筆担当］第1章第1節，付録B

村松　浩幸（長野県中野市立中野中学校教諭）
　［職　　歴］長野県公立学校教諭を経て，2000年より現職
　[執筆担当]第3章第1・2節

〈著　者〉
阿部　二郎（北海道教育大学函館校助教授）　　　　　　　　（付録A第2・3節）
荻野　和俊（京都市立洛陽工業高校定時制コンピュータ科教諭）（第5章第5節）
門田　和雄（東京工業大学附属工業高校機械科教諭）　　　　（第2章第2節）
川俣　　純（茨城県藤代町立藤代中学校教諭）　　　　　　　（第5章第1・6節）
紅林　秀治（静岡県藤枝市立西益津中学校教諭）　　　　　　（第5章第2・3節）
小菅　治彦（三重県津市立西郊中学校教諭）　　　　　　　　（第6章第1節）
鈴木　善晴（名古屋大学教育学部附属中・高等学校教諭）　　（第4章第1節）
滝澤　　修（独立行政法人通信総合研究所主任研究員）　　　（付録A第1節）
渡辺　浩康（東京都練馬区立練馬東中学校教諭）　　　　　　（第4章第1節）

〈編集協力者〉
木下　　龍（東京学芸大学教育学部附属世田谷中学校非常勤講師）
疋田　祥人（フェリス女学院大学非常勤講師）
平舘　善明（明治学院中学校非常勤講師）

実践 情報科教育法
「ものづくり」から学ぶ

2004年2月20日　第1版1刷発行	著　者　本多満正　他13名
	発行者　学校法人　東京電機大学 　　　　代表者　丸山孝一郎 発行所　東京電機大学出版局 　　　　〒101-8457 　　　　東京都千代田区神田錦町2-2 　　　　振替口座　00160-5- 71715 　　　　電話　(03)5280-3433(営業) 　　　　　　　(03)5280-3422(編集)
組版　(有)編集室なるにあ 印刷　新日本印刷(株) 製本　渡辺製本(株) 装丁　福田和雄	ⓒ 2004 Printed in Japan

＊無断で転載することを禁じます。
＊落丁・乱丁本はお取替えいたします。

ISBN4-501-53680-2　C3037

大学, 短大や専修学校のための情報教育シリーズ

◆限られた時間の中で効率良く学べるよう必要な機能を精選し, やさしい事項から解説.

学生のための **情報リテラシー** OfficeXP版
●若山芳三郎著　B5判196頁 フルカラー

学生のための **Word & Excel** OfficeXP版
●若山芳三郎著　B5判156頁 フルカラー

学生のための **Excel VBA** ●若山芳三郎著　B5判128頁 2色刷

学生のための **インターネット** ●金子伸一 著　B5判128頁 2色刷

学生のための **Access** ●若山芳三郎 著　B5判132頁 2色刷

学生のための **一太郎 & Lotus1-2-3 @Windows98** ●若山芳三郎 著　B5判180頁 2色刷

学生のための **UNIX** ●山住直政著　B5判128頁 2色刷

学生のための **C** ●中村隆一 他 著　B5判184頁 2色刷

学生のための **C++** ●中村隆一 著　B5判216頁 2色刷

学生のための **C & C++** ●中村隆一 著　B5判216頁 2色刷

学生のための **基礎 C++ Builder** GUI作成とグラフィックス
●中村隆一・山住直政 著　B5判192頁 2色刷

学生のための **応用 C++ Builder** ビジュアルデザインによる数値計算
●長谷川洋介 著　B5判224頁 2色刷

学生のための **入門 Java** JBuilderではじめるプログラミング
●中村隆一 著　B5判168頁 2色刷

学生のための **上達 Java** JBuilderで学ぶGUIプログラミング
●長谷川洋介著　B5判228頁 2色刷

学生のための **Visual Basic** ●若山芳三郎 著　B5判168頁 2色刷

学生のための **FORTRAN** JIS上位水準による　●B5判180頁 2色刷